二战经典战役系列丛书

喋血列宁格勒

白隼　编著

图文版

北方联合出版传媒(集团)股份有限公司

万卷出版公司

ⓒ 白隼 2018

图书在版编目（CIP）数据

喋血列宁格勒 / 白隼编著. — 沈阳：万卷出版公司，2018.8

（二战经典战役系列丛书）

ISBN 978-7-5470-4951-8

Ⅰ．①喋… Ⅱ．①白… Ⅲ．①列宁格勒保卫战（1941-1942）- 史料 Ⅳ.①E195.2

中国版本图书馆CIP数据核字（2018）第118868号

出 品 人：刘一秀
出版发行：北方联合出版传媒（集团）股份有限公司
　　　　　万卷出版公司
　　　　　（地址：沈阳市和平区十一纬路25号　邮编：110003）
印 刷 者：辽宁新华印务有限公司
经 销 者：全国新华书店
幅面尺寸：170mm×240mm
字　　数：200千字
印　　张：14
出版时间：2018年8月第1版
印刷时间：2018年8月第1次印刷
丛书策划：陈亚明　李文天
责任编辑：赵新楠
特约编辑：吴海兵
责任校对：张希茹
装帧设计：亓子奇
ISBN 978-7-5470-4951-8
定　　价：49.80元
联系电话：024-23284090
传　　真：024-23284448

前　言

　　1931 年 9 月 18 日，日本关东军在沈阳制造了九一八事变，日本帝国主义的魔爪开始伸向有着五千年文明的中华大地，中国最屈辱的历史从此开始。1939 年 9 月 1 日，希特勒独裁下的德国军队闪击波兰，欧洲大地不再太平，欧洲人的血泪史从此开始书写。一年后，德国、意大利、日本三个武装到牙齿的独裁国家结盟，"轴心国"三个字由此成为恐怖、邪恶、嗜血的代名词。

　　德、意、日三国结盟将侵略战争推向极致。这场战争不仅旷日持久，而且影响深远。人类自有战争以来从未有过如此大规模、大杀伤力、大破坏力的合伙野蛮入侵。"轴心国"的疯狂侵略令全世界震惊。

　　面对强悍到无以复加的德国战车，面对日本军队疯狂的武士道自杀式攻击，被侵略民族不但没有胆怯，反而挺身而出，为了民族独立，为了世界和平，他们用一腔热血抒写不屈的抵抗，用超人的智慧和钢铁意志毫不犹豫地击碎法西斯野兽的头颅。

战役是孕育名将的土壤，而名将则让这块土壤更加肥沃。这场规模空前的世界大战，在给全世界人民带来无尽灾难的同时，也造就了军事史上几十个伟大的经典战役，而这些经典战役又孕育出永载史册的伟大军事家。如果把战役比作耀眼华贵的桂冠，那么战役中涌现出的名将则是桂冠上夺目的明珠。桂冠因明珠而生辉，明珠因桂冠而增色。

鉴于此，我们编辑出版了这套《二战经典战役系列丛书》。其实，编辑出版这套丛书是我们早已有之的宏愿，从选题论证、搜集资料、确定方向到编撰成稿，历经六个春秋。最终确定下来的这20个战役可谓经典中的经典，如历史上规模最大的海战莱特湾大战，历史上规模最大的航母绝杀，历史上规模最大、最惨烈的库尔斯克坦克绞杀战……我们经过精心比对遴选出的这些战役，个个都特色鲜明，要么让人热血沸腾，要么让人拍案叫绝，要么让人扼腕叹息，抑或兼而有之。这些战役资料的整理花费了我们相当多的时间和精力，兴奋、激动、彷徨、纠结，一言难尽。个中滋味，唯有当事人晓得。

20个战役确定下来后就是内容结构的搭建问题。我们反复比对已出版的类似书籍，经过研究论证，最终形成了自己的特色。历史拐点（时间点）往往是爆发点，决定历史的走向，而在这个历史拐点上，世界上其他地方正在发生什么？相信很多人对此都会比较感兴趣。因此，我们摈弃了传统的单纯纪事本末叙述方式，采用以时间轴为主兼顾纪事本末的新颖体例。具体来说，就是在按时间叙事的同时，穿插同一时间点上其他战场在发生什么，尤其是适当地插入中国战场的情况，扩大了读者的视野。

本套丛书共20册，每册一个战役，图文并茂，具有叙事的准确性与故事的可读性，并以对话凸显人物性格和战争的激烈与残酷。每册包含几十幅精美图片，并配有极具个性的图说，以图点文，以文释图，图文相得益彰。另外，本套丛书还加入了大量的原始资料（文件、命令、讲话），并使其自然融入相关内容。这样，在可读性的基础上，这套丛书又具备了一定的史料价值，历史真实感呼之欲出，让读者朋友不由自主地产生一种穿越的幻觉。

本套丛书的宗旨是让读者朋友在轻松阅读的同时，对第二次世界大战有一个整体的认知，力求用相关人物的命令、信件、讲话帮助读者触摸真实的历史、真实的战场，真切感受浓浓的硝烟、扑鼻的血腥和二战灵魂人物举手投足间摄人心魄的魅力。

品读战役，也是在品读英雄、品读人生，更是在品读历史。战役有血雨腥风，但也呼唤人道。真正的名将是为阻止战争而战的，他们虽手持利剑，心中呼唤的却是和平。相信读者朋友在读过本套丛书后，能够对战争和名将有一个不一样的认识。

最后，谨以此书献给那些为和平、为幸福奋斗不息的人们！

目　录

第一章

希特勒盯上列宁格勒

苏军一片混乱，通信联系中断，所有西部边境军区与各部队的电话通信都中断了，各军区与各集团军也失去了联系。德军预先空投在苏军西部的破坏小组，到处破坏通信，截杀苏军联络官，偷袭苏军指挥部。

◎ 为什么是列宁格勒

2014 年 1 月 27 日，俄罗斯圣彼得堡。

这个英雄的城市，此刻正在隆重举行列宁格勒保卫战胜利 70 周年纪念大会。俄罗斯总统普京来到安葬着 42 万名保卫战死难者的圣彼得堡皮斯卡廖夫公墓前，单膝跪地向祖国母亲纪念碑敬献花圈。

俄罗斯联邦委员会主席马特维延科等官员与圣彼得堡市民一起，冒着严寒观看了隆重的阅兵式。俄军不仅展示了苏联卫国战争时期使用过的 T-34 坦克、苏 -100 自行火炮，还展示了虎式装甲车、铠甲防空系统和伊斯坎德尔导弹等新型武器装备。

普京与苏联卫国战争老战士座谈时指出，无论是俄罗斯人还是外国人都应铭记战争的悲剧，记住苏联人民和列宁格勒市民的英勇，应尽一切努力不让类似事件重演。

俄罗斯总统普京单膝跪地，敬献花圈

圣彼得堡曾用名列宁格勒，是列宁格勒州的首府，有"苏联第二首都"之称。在第二次世界大战期间，疯狂的纳粹德国军队切断了列宁格勒同外界的联系，全面围攻列宁格勒。列宁格勒军民从 1941 年 9 月 8 日到 1944 年 1 月 27 日长达 900 天的时间里誓死抵抗，付出了 60 多万军民的生命，最终赢得了胜利。列宁格勒战役堪称人类历史上最惨烈的围城战。

1940 年 12 月 18 日，希特勒下达了全面进攻苏联的第 21 号元首指令，即震惊世界的"巴巴罗萨"行动计划。希特勒将列宁格勒、莫斯科、基辅指定为德军进攻的 3 个主要目标。

第 21 号令要求德军北方、中央和南方 3 个集团军群同时发动攻击，以包围、捕捉并歼灭位于苏联边界地区的大批红军，"防止有战斗能力的敌军武力撤退至苏联广大内陆"。

列宁格勒战役

德军进攻苏联

德军北方集团军群和中央集团军群在普里佩特沼泽地以北沿着列宁格勒

和莫斯科轴线发动重点攻势，而南方集团军将在普里佩特沼泽地以南沿着基辅轴线发动攻击。中央集团军群消灭白俄罗斯的苏联红军后，协助北方集团军群攻占列宁格勒。 指令特别指出："只有在完成这个优先任务后，我们才能展开占领莫斯科的作战。"

德军北方集团军群的目标是，自东普鲁士的哥尼斯堡以东地区向陶格夫匹尔斯、普斯科夫、列宁格勒方向推进，消灭波罗的海沿岸地区的苏军，占领那里的港口和海军基地，最终占领苏联的"第二首都"列宁格勒，与芬兰军队会师。北方集团军群由第十八集团军、第十六集团军与第四装甲集群组成，总计6个军和2个摩托化军，并且由3个保安师和1个军的预备队提供支援。第四装甲集群的第四十一摩托化军和第五十六摩托化军担任先锋部队，第十八集团军和第十六集团军各有3个军，在两翼紧随其后。北方集团军群总司令勒布指派第二十三军为集团军群预备队，如有必要还可以请求部署在其他战区的德军陆军总部预备队第五十军支援。

位于东欧平原西北部的列宁格勒州，临芬兰湾、波罗的海、拉多加湖和奥涅加湖。该州呈长方形，南北长325公里，东西长446公里，面积8.59万平方公里，南部与诺夫哥罗德州和普斯科夫州交界，西部与爱沙尼亚接壤，西北与芬兰接壤，北部与卡累利阿共和国接壤，东部与沃洛格达州交界。

列宁格勒州多是低地和平原，主要城市有季赫温、维堡、加特契纳、沃尔霍夫、金吉谢普、基里希、索斯诺维博尔。列宁格勒州最早的先民出现在冰川时代结束后至公元前9000年。10世纪中期，芬兰—乌戈尔人部落在这里居住，出现了农业、畜牧业和渔猎活动。8世纪，斯拉夫人占领了这里。753年，斯拉夫人建立拉多加城，该城是苏联西北部最古老的居民点。10世纪，拉多加城是古俄罗斯最重要的政治中心。到 10 世纪末，诺夫哥罗德替代了拉多加城的地位。

17 世纪初，俄罗斯人被赶出波罗的海沿岸，瑞典人统治了俄罗斯西北部。瑞典人把芬兰人迁到这里定居。1656—1658 年，俄罗斯企图武力夺取这里，但没有成功。1700 年，彼得大帝为了夺取波罗的海出海口再次出兵。1700—1712 年，这里成为北方战争的主战场。1702 年 10 月，俄军攻克涅瓦河的诺捷堡要塞。1703 年春，俄军打败了瑞典军队，占领了伊若拉地区。

为巩固北部边境，1703 年 5 月 16 日，彼得大帝在涅瓦河口建立圣彼得堡要塞。1710 年，该地成为圣彼得堡州。1712 年，彼得大帝迁都圣彼得堡。随后，圣彼得堡成为俄国波罗的海舰队的海军基地。

18 世纪至 20 世纪初，圣彼得堡地区成为俄国工业中心之一，圣彼得堡成为俄国的主要商港。18 世纪初，在伊若拉河、托斯诺河、涅瓦河河岸，在斯特列里纳和彼得格夫建立了大批砖瓦厂，在普季洛夫村附近建立了采石厂。1830 年以前，在洛杰伊诺耶波列建有奥洛涅茨造船厂。1732 年，俄国建立了伊若拉厂，后来成为俄国最大的重工制造厂。

18—19 世纪，俄国建立了上沃洛乔克、季赫温、马林斯基河运系统。19 世纪下半期，俄国贯通了新拉多加运河、新夏新运河、新斯维里运河，并改建了马林斯基运河。19 世纪末，圣彼得堡 60% 的货物靠水运。19 世纪下半期，在圣彼得堡地区还修建了芬兰铁路、波罗的海铁路、莫斯科—温达瓦—雷宾斯克铁路、华沙铁路、彼得堡—沃洛格达—维亚特卡铁路。

1917 年十月革命后，新生的苏维埃俄国将首都迁回莫斯科。1924 年，圣彼得堡州改名为列宁格勒州，彼得格勒市改名为列宁格勒市。

德国入侵苏联之前，在苏联西北部波罗的海沿岸组织防御的是波罗的海沿岸特别军区。对于苏联波罗的海沿岸特别军区的兵力部署，德军是非常清楚的。苏联波罗的海沿岸特别军区在战争开始后改称西北方面军，司令员为库兹涅佐夫，当时驻扎在边界的只有两个集团军，即第八集团军、第十一集团军。索宾尼科夫指挥的第八集团军位于右翼，莫罗佐夫指挥的第十一集团军位于左翼。根据德军的估计，这两个集团军约有 20 个师，2 个摩托化军。

波罗的海地区地势平坦，高地很少，一些地区有茂密的森林、沙丘、湖泊和沼泽。沿海地区是牧场。越向东北方向走越荒凉，森林越多。公路又少又狭窄，而且年久失修，到了雨季，公路就无法使用。波罗的海地区有 2 条河流从东向西注入波罗的海，将对德军的进攻造成严重阻碍。

第一条河是涅曼河，下游流经东普鲁士，其他部分距德军出发地约 64 公里。第二条河是西德维纳河，从维切布斯克注入里加湾，离东普鲁士边境 322 公里。对于德军来说，抢占这两条河流可以防止苏军将它们筑成牢不可破的防线，还能够切断苏军向南部的退路。

苏联西部河湖众多，其地理状况非常不利于装甲部队作战，要深入内地必须经过一些重要桥梁和渡口。苏军只要事先炸掉大桥，等德军接近时就可以凭借江河天险阻挡德军一段时间。德军要完成"巴巴罗萨"计划规定的闪击任务，就必须以最快的速度抢占这些桥梁。具体到北方集团军，就是夺取乌拉河上的桥梁，为进一步进攻列宁格勒地区打下基础。

德军北方集团军群面对这种非常不利的地形，只好把兵力密集地集中在东普鲁士边界和涅曼河下游两岸，因此，无法展开对苏军的合围。经过周密策划，集团军群总司令勒布派第十六集团军从埃本罗德—考纳斯公路两侧进攻陶格夫匹尔斯；第十八集团军从蒂尔西特—里加公路进攻里加；第四装甲集群从涅曼河下游以北进攻芬斯克和西德维纳河，夺取渡河点，占领阿波卡。第四装甲集群的第四十一装甲军有 2 个装甲师，在广阔的正面推进，在到达德维纳河的克鲁斯特皮尔斯前，与苏军第三、第十二摩托化军开战。

第四装甲集群的右翼为曼施坦因的第五十六装甲军。该装甲军从一条狭窄的正面发起突击，那里只有一条公路。曼施坦因指挥的 1 个装甲师、2 个摩托化步兵师，需要推进 322 公里，才能抵达德维纳河边的道加夫皮耳斯。

第四装甲集群所辖的第四十一和第五十六两个装甲军齐头并进，后面没有预备队。勒布手中只留下 1 个步兵师作为北方集团军群的预备队。第四装甲集群左、右两侧的 2 个集团军，1 个去消灭沿海的苏军，1 个要占领考纳斯，并推进至道加夫皮耳斯。

1941 年 6 月 21 日，德国第四装甲集群从梅梅尔河下游狭窄地带出发，所有部队通过了提耳济特公路桥和 2 座在天黑以后架起的舟桥。德第十八集团军派来一些步兵部队支援装甲部队。

◎ 德军磨刀霍霍，苏军手忙脚乱

6月22日凌晨3时5分，碧空万里，在600门大炮的援助下，德国北方集团军群的步兵和装甲部队越过苏联边界，进入林间公路，几乎未遇到什么抵抗。后来，苏军的抵抗稍有增强，特别是在森林地带，但抵抗只是零星的，属于小股苏军部队的自发行为，而不是大规模的协同作战。

深沟峡谷中的公路两旁长满了树木，狭窄的小道限制了德军的推进速度。当然，这同样也影响了苏军的行军速度。8万波罗的海地区的苏联公民、苏军家属、建筑工人、警察、行政人员拥挤在几条通向苏联内地的公路上，严重影响了苏军部队的行动。德军的大规模空袭使这些挤在路上的苏联人受到重创，立陶宛人和拉脱维亚人的伏击更使这些人疲于奔命。德军迅速击破只有少量苏军坚守的阵地，抢渡杜比萨河后，第四装甲集群快速向西德维纳河扑去。

为了切断在西德维纳河前的所有苏军退路，德第四装甲集群横冲直撞，势如破竹。总司令赫普纳要求完整地夺取西德维纳河上的桥梁，麾下 2 个装甲军接到命令后，争先恐后地扑向该河。第四装甲集群的先头部队很快推进到达杜比萨河一带。值得一提的是，曼施坦因的第五十六装甲军向前推进的速度令人震惊，将其他部队远远抛在后面。

曼施坦因，纳粹德国的杰出军事将领，与隆美尔和古德里安并称为二战期间德国的三大名将。三人过硬的军事素质、杰出的军事指挥艺术，对世界军事历史造成了很大的影响。与那些制造大屠杀的德国政客和党卫军相比，德军将领们还算清白，他们很多人反对纳粹的屠杀和灭绝政策，不参与屠杀暴行。正是由于这一点，使德军将领们赢得了盟国政府的客观评价。

曼施坦因 1887 年 11 月 24 日出生于柏林，在兄弟姐妹中排行第十，出生不久便过继给他的姨父。他的父亲是西普鲁士的贵族，炮兵将军。1906 年，曼施坦因出任近卫军步兵第三团见习军官，次年，晋升少尉。1913 年，被选送到柏林军事学院深造。1914 年，晋升为中尉。1915 年，他回到近卫步兵第三团服役，晋升为上尉，后来出任第二后备团副官。

一战期间，曼施坦因先后在西线和俄国前线作战。由于负伤，曼施坦因被调到集团军参谋部当参谋。其间，他参加了德军对波兰北部的作战。后来，他回到西线当过骑兵作战科长和步兵师作战科长。

一战结束后，曼施坦因在一个重建军队的委员会中担任参谋。1920 年任连长，1927 年晋升为少校。1927 年，在德国国防部参谋本部第一厅任参谋。20 年代初，他与一位军人的女儿结婚。20 年代后期，他奉命走访了一些欧洲国家的装甲部队。

1932年，曼施坦因晋升中校。1933年，晋升上校，此时希特勒掌握了德国政权，并大肆扩军备战。1935年，他到德国陆军总参谋部任参谋。1936年10月，晋升少将，升任参谋总部第一军需部长。不久，他改任陆军首席副参谋长，开始进入德国陆军高层决策机构。

1939年4月1日，曼施坦因晋升为中将，并于当年出任德军南方集团军群参谋长。

1939年9月1日，德军突袭波兰。在曼施坦因的策划下，南方集团军群围歼了波军主力。很快，德军合围了华沙，动用炮兵和空军进行轰炸，并且用断水断粮的方法迫使华沙守军投降。9月28日，波军在投降书上签字。

1940年2月1日，曼施坦因担任第三十八军军长。波兰战役结束后，曼施坦因制订了入侵法国的"曼施坦因计划"。"曼施坦因计划"体现了闪击战思想，并具有独到之处。根据他的计划，德军将集中装甲部队翻越阿登山区，快速抢夺马斯河的桥头堡，向东迂回马奇诺防线，把法军切断在北部。起初，他的计划未被德军陆军总参谋长哈尔德采纳，但却受到了希特勒的赏识。2月7日，希特勒采纳了他的计划。

在入侵法国的战役中，德军装甲部队势如破竹，屡战屡胜。在强悍的德国装甲部队面前，英法联军就像一群乌合之众从敦刻尔克匆匆忙忙撤到英国。不久，法国宣告投降。那一年，曼施坦因被希特勒授予骑士勋章。

1941年2月，曼施坦因担任德军第五十六装甲军军长。在德军入侵苏联时，他只接到了对苏联的作战命令，该命令没有任何细节，他无权过问。沿途，曼施坦因看到德军士兵的尸体被肢解，景象十分恐怖。他遇到一些德国伤兵，这些伤兵向他报告说，他们碰到"投降"的苏军士兵，这些苏军"战俘"会突然开枪，还有一些苏军的伤兵倒在地上装死，从背后开枪。曼施坦因感到担心，这里不像在波兰或者法国，法军或波军一看没有胜利的希望往往会投降，而苏军却想顽抗到底。

6月22日，苏德战争爆发，曼施坦因指挥的第五十六军在5天里推进了320公里，几乎冲进了列宁格勒。9月，曼施坦因任南方集团军群第十一集团军司令。他指挥该集团军成功进入克里米亚，俘虏43万苏军。1941年年底，曼施坦因顶住了苏军的冬季反攻，继续向南推进。

二战时期的曼斯坦因

1942 年 7 月 1 日，曼施坦因的部队占领了塞瓦斯托波尔要塞，同日，曼施坦因被晋升为元帅。随后，第十一集团军被转到北线，加入北方集团军群。8 月，他指挥所部攻打列宁格勒。11 月，曼施坦因担任顿河集团军群（包括霍特的第四装甲集团军、保卢斯的第六集团军和罗马尼亚第三集团军）司令。当时，第六集团军和部分第四装甲集团军的部队被包围在斯大林格勒。德军顿河集团军群奉命去解救被包围的第六集团军，因为苏军拥有强大的反攻兵力，顿河集团军群被击退 200 公里。

1943 年 2 月，曼施坦因出任南方集团军群司令。在哈尔科夫反击战役中，南方集团军群再次占领哈尔科夫、别尔哥罗德，这是德军在二战中最成功的反攻战役。

1943 年 7 月至 8 月，德军实施了"堡垒行动"，也就是苏联人所说的库尔斯克大会战。德军南方集团军群起初突破苏军纵深 40 公里，但是，第四装甲集团军再也无法向前推进了。"堡垒行动"失败后，南方集团军群在苏军优势兵力的大反攻下节节败退。从 1943 年 10 月至 1944 年 1 月，曼施坦因暂时把防线稳定下来了。

1944 年 1 月底，在苏军重兵集团的进攻下，德军向西败退。3 月 30 日，曼施坦因在东线作战问题上与希特勒发生多次争执，最终被其解职。

1945 年 5 月，曼施坦因被英军逮捕，押到战俘营，1946 年秋季转移到英国的德国高级军官关押所。1948 年夏季，被转移到德国。1949 年 8 月，被判入狱 18 年。

1952 年，曼施坦因被因病释放。1955 年，出版战争回忆录《失去的胜利》。1958 年，出版《士兵的一生 1887—1939》。1956 年，曼施坦因出任联邦德国的军事顾问，与西方国家一起应对来自苏联的强大威胁。1973年6月11日，86岁的曼施坦因在巴伐利亚州去世。美军认为曼施坦因善于运用装甲部队，经常出奇制胜，堪称二战中德军最优秀的将领之一。

就在战争爆发前几天，苏联改组了最高统帅部和苏军。1905—1918年出生的预备役人员被征召入伍。铁木辛哥元帅临时担任苏军总司令。波波夫领导的列宁格勒军区改编为北方方面军；库兹涅佐夫领导的波罗的海军区（第八集团军、第十一集团军）改编为西北方面军；巴甫洛夫领导的西部特别军区改编为西方方面军；基尔波诺斯领导的基辅军区改编为西南方面军；奥德萨军区改编为第九集团军，后来成为南方方面军的一部分。

6月22日凌晨3时7分，苏联国防人民委员会和红军总参谋部接到苏军黑海舰队司令员奥克佳布里斯基上将的报告。奥克佳布里斯基在电话中报告："大量来历不明的敌机向我海岸扑来，舰队已经做好战斗准各，请下达作战命令。"

3时30分，苏军西方方面军军区参谋长克利莫夫斯基赫报告："德军飞机空袭了白俄罗斯！"

3分钟后，苏军基辅军区参谋长普尔卡耶夫报告："乌克兰遭到德机空袭！"

3时40分，苏联西北方面军司令员库兹涅佐夫报告："德军飞机空袭了考那斯等市。"

苏联国防人民委员会经过研究，向全军下令："猛烈还击，坚决歼灭来犯之敌！"

4时40分，苏共中央政治局委员紧急召开会议。苏共中央总书记、国防人民委员主席斯大林感到震惊，他已经尽了最大努力来推迟战争，各种武器正源源不断地输送给各部队，紧张的训练正使军队的战斗力日益提高。他经常说："再给我们点和平的时间，我们就能摆脱劣势了。"

斯大林在战争爆发的时间估计上犯了灾难性的错误，他被希特勒欺骗了。所有的军政高级领导都赞同他的估计，因为他们都被他所左右，他拥有至高无上的权力。这场战争可能会影响苏联的继续生存。斯大林号召苏联各军区向德军发动进攻，然而这样的命令显然是不符合实际的。

当时，苏军一片混乱，通信联系中断，所有西部边境军区与各部队的电话通信都中断了，各军区与各集团军也失去了联系。德军预先空投在苏军西部的破坏小组，到处破坏通信，截杀苏军联络官，偷袭苏军指挥部。苏联西部边境大部分军区的部队没有无线电设备，各部队之间的通信联络成为苏军急需解决的问题。

上午8时，苏军总参谋部通过收听德国广播及苏联各军区的报告，了解到下列情况：德军机群猛烈空袭了西部、基辅和波罗的海沿岸3个军区的机场，分散在各机场的飞机遭受重大损失；波罗的海沿岸、白俄罗斯和乌克兰的很多城市和铁路枢纽遭到了轰炸，塞瓦斯托波尔和波罗的海沿岸的海军基地遭到了轰炸；苏联西部边境全线遭到德军入侵，德军已与许多苏军边防部队交火；苏军第一梯队各部队尚未到达预先构筑的阵地，在前进过程中陆续遭遇德军。

然而，当时战场的实际情况，比苏军各军区汇报的还要严重。

◎ 斯大林仍期望停战

德军炮兵其实在 1941 年 6 月 22 日之前就炮轰了苏联内务部边防军和其他苏军驻地及其指挥部。列宁格勒的喀琅施塔得、比萨拉比亚的伊兹梅尔、克里米亚半岛的塞瓦斯托波尔要塞等地的机场、铁路枢纽、海港均遭到德机的空袭。

从 22 日凌晨 3 时至 3 时 30 分，从波罗的海至匈牙利的苏联边界线多处被德军突破。大批破坏分子，包括不少立陶宛人、乌克兰人随德军一起入侵。破坏分子的任务是切断电话线，捣毁通信设施，在公路、铁路旁截杀苏军联络人员。苏联西部边境地区 60 多个机场遭到持续的轰炸。

中午前，德国空军击毁了苏军飞机 800 架，而德军仅损失 10 架。苏军各边防部队远离边境防御工事，执行着和平时期的例行任务。大批军官正在各边境城市度周末，很多炮团和通信营驻扎在远离前线的靶场和兵种训练中心。德国空军掌握着制空权，因为苏军航空兵战前毫无准备。苏军前往防御工事的道路受到了德军飞机的威胁，苏军各部队指挥陷入瘫痪。

尽管战争已经爆发，斯大林仍期望能够停战。苏联国防人民会于上午7时15分发布指令，要求各军区部队不得进入德国，空军进入德国境内侦察不准超过145公里。同时，苏联与德国仍保持着无线电联系。另外，苏联还请求日本出面调停，幻想希特勒能发善心再给苏联一点和平的时间。

下午，苏军统帅部仍无法了解到前线的真实情况。因为前线各部队通信联络已经陷入瘫痪，军官与部队之间、各部队之间均失去了联系。许多从城里赶来的军官都找不到自己的部队。在大多数情况下，苏军各集团军高级将领们不敢向斯大林承认他们对各部队失去了控制。

战争爆发后的几个小时内，苏军各军区司令和苏联国防人民委员会误以为自己了解真实情况，甚至坚信各集团军组织的反攻正在进行。

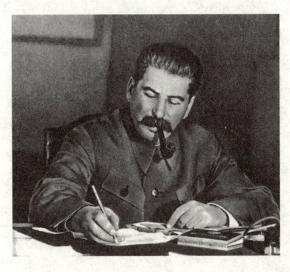

二战中的斯大林

斯大林和朱可夫

6月22日下午1时，斯大林打电话给苏军总参谋长朱可夫："西部各方面军司令员看来有点发慌。你以统帅部代表的名义赶紧去西南方面军。另外，我还要派沙波什尼科夫和库利克到西方方面军那里。你要立即飞往基辅。"

朱可夫问："当前局势如此复杂，谁来接手总参谋部的工作？"

斯大林不耐烦地说："你只管去就是，至于总参谋部的工作就不用操心了，让瓦杜丁接替。你快去吧，这件事我会通知瓦杜丁的！"

斯大林按照列宁在苏联内战时的做法，派自己信任的代表到战区去。他不信任那些经验不足的方面军司令员。

朱可夫匆匆跟家人通了电话，便飞往基辅。苏军西南方面军政委赫鲁晓夫在机场等他，然后两人乘车赶往位于捷尔诺波尔的司令部。朱可夫赶到西南方面军司令部后，立即转达了斯大林的指示和问候，方面军将领们受到了极大鼓舞。

朱可夫没有料到前线的形势如此混乱，他立即派出大批联络官，将被德军的进攻打得七零八落的部队整顿起来，转入防御，并向德军展开反攻。到了晚上，远在莫斯科的斯大林还以为战争对苏军十分有利，德军已被击溃。当天，苏联空军空袭了普洛耶什蒂、布加勒斯特、华沙、但泽。由于未能组织战斗机护航，苏军空军损失惨重。事后，斯大林才知道，德军是兵分三路入侵苏联的。

6月23日，苏军西北方面军司令员库兹涅佐夫根据总军事委员会的命令，以第八集团军的机械化第十二军和第十一集团军的机械化第三军向突入第八集团军、第十一集团军接合部的德军第四装甲集群实施反突击。苏军机械化第十二军由希奥利艾西北地域向南实施反突击，机械化第三军由凯代尼艾地域向西实施反突击。由于时间仓促，苏军西北方面军在未经必要准备的情况下实施反突击，最终遭到失败。

苏军在希奥利艾、凯代尼艾方向参加反突击的只有机械化第十二军和机械化第三军的1个师，各兵团不能在同一时间协同作战，各部队之间也就无法建立联系和组织协同。因此，苏军反突击变成了一场实力悬殊的遭遇战，苏军顽强抗击3昼夜后被迫撤退。

此时，德军第三装甲集群正向维尔纽斯推进，苏军西北方面军司令员库兹涅佐夫对此并不重视。他认为由西方方面军单独去对付就足够了，真正需要对付的是向自己防区进攻的德军北方集团军群（第四装甲集群及掩护其两翼的第十八集团军、第十六集团军）。

为了击退德军北方集团军群，库兹涅佐夫决定出动机械化第三军、第十二军。第三军辖坦克第二师、第五师，摩托化第八十四师，该军拥有坦克

692 辆，其中 KV 重型坦克 52 辆，先进的 T-34 坦克 3 辆。第十二军辖坦克第二十三师、第二十八师，摩托化二〇二师，该军拥有 691 辆坦克，包括 T-34 坦克 54 辆。

根据库兹涅佐夫的反攻计划，在苏第八集团军步兵第十军支援下，第十二军应从斯卡夫德维利进攻德军的左翼，而第三军应进攻德军的右翼。反攻计划将由第八集团军司令索宾尼科夫统一指挥。

库兹涅佐夫的计划在理论上是正确的，但战场情况却与他的计划不相符。因为作战中的苏军，无论是集团军司令部与所属部队，还是各部队之间都缺乏通信联系。苏军对德军的情况几乎一无所知，这样的反攻计划显然是盲目的。

苏第十二军坦克第二十三师被移交给步兵第十军指挥，没有与第十二军坦克第二十八师协同作战。对于这一奇怪的部署，就连第八集团军司令索宾尼科夫自己在战后都说不清楚。而第三军只能出动坦克第二师参加反攻，因为另一个坦克第五师不幸与涅曼河一带的德军第三装甲集群纠缠在一起，无法参加这次反攻。

这样，苏军虽然拥有 4 个坦克师，但真正用于应对德第四装甲集群的装甲部队的只有 3 个坦克师，而这 3 个坦克师之间没有起码的联系，根本无法形成突击力量。加上，苏军的准备时间过短（不到一夜时间），又缺乏车辆，各部队之间还没有领到足够的弹药和燃油，所有这些在即将展开的反攻中，均难以得到补充。后来德军的战场报告也证实了这一点，被击毁和遗弃的苏军坦克往往只射出了几发炮弹。这种情况，不仅苏军西北方面军如此，整个西部地区的苏军装甲部队都面临这一问题。

6 月 23 日晨，苏军西北方面军的装甲部队开始向德军展开反攻。苏军的这一行动被德军侦察机发现，德第四装甲集群司令赫普纳很快就得知了该情况。第四装甲集群的右翼曼施坦因的第五十六军所遭受的抵抗很小，很快冲向西德维纳河。被德军侦察机发现的苏军坦克这时正向第五十六军侧后移动。

德第四装甲集群司令赫普纳本打算让曼施坦因的部队掉过头来攻击反攻的苏军，但德军是否能尽快抢占西德维纳河的桥梁关系到德军能否歼灭波罗的海苏军的全局。因此，赫普纳命令曼施坦因继续推进，同时命令莱因哈特的第四十一装甲军消灭反攻的苏军装甲部队。

苏军 3 个坦克师在骑兵和炮兵的支援下，与德军第四十一装甲军展开了激烈交战。虽然苏军投入了 3 个坦克师，但在战斗时这 3 个师没能形成强悍的战斗力：苏军第十二军的坦克第二十三师在战斗中未起到什么作用，而第十二军坦克第二十八师因缺乏燃油，其主力在当天根本没有出动。苏军第二十八师坦克第五十五团的 40 辆坦克进攻德军，把德军击退了 5 公里，并摧毁了 14 辆德军坦克和 20 门火炮。然而，苏军各部队不能有效地协同作战，从而无法进一步扩大战果。

◎ 首次大规模坦克战

6月23日上午,德军第五十六装甲军在西德维纳河以南129公里处,切断了道加夫皮耳斯—考纳斯公路。在这条公路沿线,少量苏军装甲部队与炮兵连顽强地抗击着入侵者,以掩护主力后撤。

德第十八集团军所属第三十八军第二九一师34小时穿插推进了71公里,包围了波罗的海舰队基地利耶帕亚城。第十八集团军各部在天气炎热的情况下,步行60多公里经波罗的海沿岸的立陶宛进入拉脱维亚。同时,第十六集团军攻克了考纳斯。

利耶帕亚海军基地,在沙皇时代就是沙俄波罗的海舰队的主要基地。20世纪初,沙俄海军部对该海军基地的取舍问题进行了激烈争论,最终仍然选在这里。该海军基地在陆上无险可守,枯水期出海必须通过一条狭长的渠道。一战时期,沙俄军队曾被迫抛弃该海军基地。

在离边境如此近的利耶帕亚是否有必要建立主要海军基地,同样在苏联海军内部引起了争论。许多人认为，在波罗的海东岸和里加湾可以建立更安全的基地。如果只从海战与基地配置情况考虑，可以在利耶帕亚建立海军基地，不过没必要建主要海军基地。

利耶帕亚位于拉脱维亚西部波罗的海沿岸，是拉脱维亚第三大城市和重要不冻港，原称利巴瓦，该城始建于 1625 年。1893 年，沙俄在这里建造军港，是波罗的海南岸的铁路枢纽和重要港口、渔业中心，拥有 18 世纪的教堂等古迹。

二战前的几个五年计划期间，苏联波罗的海舰队更新了装备，补充了新型舰艇、潜艇和飞机，改装了战列舰，建立了海军航空兵、岸防部队和防空部队。在 1939—1940 年的苏芬战争中，苏联波罗的海舰队封锁了波的尼亚湾和芬兰湾，袭击了芬兰的基地和舰队，并支援苏军突破"曼纳海姆防线"。

二战德国坦克战

6月23日这一天，与德军装甲部队发生大规模激战的是苏军第三军坦克第二师，该师装备约20辆KV重型坦克和少量的T-34坦克，以及80辆BT快速坦克。

苏军第三军坦克第二师与德军第四十一装甲军第六装甲师在杜比萨河桥头堡的拉塞尼埃村爆发了坦克战。双方共300多辆坦克在狭窄的村子里进行了苏德战争史上首次大规模的坦克战。

德军第六装甲师是在轻装师基础上组建的，师长兰德格拉夫。在入侵法国的战役中，第六装甲师成功翻越了被认为坦克无法通过的阿登森林，绕过了法军的马奇诺防线。在侵苏战争开始时，第六装甲师的主力坦克第十一团辖3个坦克营（第一、第二、第六十五坦克营），装备了245辆坦克，其中装备IV型坦克20辆，IT-35型坦克160辆，其他为Ⅱ号坦克和装甲指挥车。另外，该师麾下还拥有2个满员的摩托化步兵团第一一四团、第四团和1个摩托化炮兵团第七十六团。

德军第六装甲师与苏军坦克第二师在坦克在数量上处于2∶1的优势。但在坦克质量上，德军坦克则比不上苏军拥有的厚重装甲的坦克。

当苏军坦克向德军扑来时，德军的坦克炮和38毫米反坦克炮只能把苏军的BT快速坦克击毁。当这些德军火炮在50米—100米距离轰击KV重型坦克时，虽然将苏军坦克的装甲板打得火花四溅，却无法穿透正面的装甲。

有一次，苏军一辆KV重型坦克开到距离德军不到100米时，德军的一辆坦克开炮射击，炮弹击中了这辆坦克，巨大的爆炸使KV坦克剧烈地摇晃。出人意料的是，这辆KV坦克竟然能奇迹般地再次动了起来，并将刚才射击它的坦克摧毁。德军装甲部队官兵被苏军新式坦克所震撼，40辆德军坦克和

18 门火炮很快被苏军装甲部队摧毁。

德军第四十一装甲军第一装甲师也碰到了类似情况。该师坦克在距苏军 KV 重型坦克 800 米远处轰击，对其不起任何作用。在距离拉近至 50 米—100 米时，德军坦克发射的炮弹却被 KV 重型坦克的装甲弹回来，竟造成德军装甲部队的伤亡。更令人恐怖的是，有 1 辆 KV 重型坦克遭到德军的围攻，前后中弹达 70 多发，竟然还能开火还击，甚至有的 KV 重型坦克追着撞击德军坦克。

苏军的坦克尽管具有质量上的优势，但他们的装甲部队之间不能做到有效协同。在硝烟弥漫的战场上，正在作战的苏联坦克手看不清坦克指挥官手里的信号小旗。无线电设备的缺乏使苏军坦克无法组织起像德军那样的坦克群。苏军只能把装甲部队分成一个个小坦克群，在宽大的正面战场作战。

与此相反，德军第四十一装甲军的坦克的装甲虽然没有苏军的坚固，但他们却能充分利用通信、训练和经验等优势，巧妙运用各兵种兵力进行紧密的协同作战。其中，德军的摩托化重型高炮营发挥了很大的作用，他们用打飞机的高射炮对付苏军重型坦克。打飞机的高射炮是 56 倍口径 88 毫米高射炮，德军的炮手们用它们平射苏军重型坦克。这种高射炮可在 500 米内击穿 93 毫米的装甲，1000 米内击穿 82 毫米的装甲。

在德军高射炮弹的攻击下，一辆辆厚重的苏军 KV 重型坦克被摧毁，这些钢铁巨兽很快变为一堆废铁。同时，德军坦克开始对准 KV 重型坦克的履带进行攻击。而一些德军步兵则爬上苏军坦克，用集束手榴弹或者炸药包将其摧毁。德军的密切配合令苏军指挥官们感到震惊。

6 月 24 日，德军北方集团军攻克维尔纽斯，苏军在考纳斯、陶格夫匹尔斯方向失去了掩护。这一天，是坦克战最激烈的一天，苏军西北方面军反击尤为顽强而激烈。苏军坦克第二师遭受重创，战场上到处都是被击毁的苏联坦克，师长索连京于6月26日为国捐躯。尽管苏军的反攻失败了，但争夺杜比萨河桥头堡的战斗仍在进行。同日，德军占领了利耶帕亚以北的波罗的海沿岸。

6月24—25日，苏军第二坦克师残存的1辆KV-2重型坦克堵在桥头，挡住了德第六装甲师的后勤交通线。与KV-1型坦克相比，KV-2型坦克装有1门大口径M-10型152毫米榴弹炮。这种大口径的火炮是为了摧毁敌方防御工事而设计的。该辆坦克的炮塔特别巨大，车体行动不便，外形看起来像个滑稽的公共厕所。

德第六装甲师为了"搬开"这辆堵在桥头的苏军坦克，派来大量坦克，结果该坦克打得德军落荒而逃。后来，德军又调来了一个配有50毫米反坦克炮的炮兵连和2门88毫米高射炮。没想到，德军的这个反坦克炮连竟被苏军这辆坦克"怪兽"给歼灭了。

德军第六装甲师一怒之下派来了工兵爆破组，且动用了105毫米榴弹炮。最终，这辆苏联坦克"怪兽"被多达50辆的德军坦克和1门88毫米高射炮联合摧毁。然而，德军在这辆苏军坦克的打击下，损失了7辆坦克、1个反坦克连、1门88毫米高射炮及全部炮手，另有4辆半履带车以及12辆卡车。这辆苏军坦克成功地阻滞了德军第六装甲师两天的行动。

在苏军步兵第九师的掩护下，苏第十二军坦克第二十三师的1个坦克团继续反攻。德军反坦克部队和第一航空队联手重创了这支苏军装甲部队。黄昏时分，苏军坦克团60%的坦克被德军的反坦克炮和轰炸机摧毁。苏军坦克第二十三师只得向东北方向败退。

6月25日，苏军坦克第二十八师终于领到了燃油。在师长切尔尼霍夫斯基的指挥下，开始发起反攻。当时的战场形势对苏军十分不利，各路反攻部队都被击溃。二十八师独自反攻，在进攻中被德军的反坦克炮和轰炸机摧毁了大量坦克。仅在当天进行的一次长达4小时的坦克战中，该师就损失了48辆坦克。师长切尔尼霍夫斯基只好下令撤退。

至此，苏军西北方面军装甲部队的反攻彻底失败了。苏军损失大量坦克和其他重武器，仅德军第四十一装甲军就击毁了苏军180辆坦克，其中包括29辆KV重型坦克。至7月1日止，德军空军第一航空队的飞机摧毁了250辆苏军坦克。第四十一装甲军获胜后，立刻向西德维纳河的克鲁斯特皮尔斯扑去。

◎ 猛烈攻击

6月25日至30日，苏军航空兵空袭了驻扎在挪威、芬兰的德国第五航空队及芬兰空军，击毁德机130架。

6月26日，芬兰以苏军空袭其城市为借口，向苏联宣战。同日，德军北方集团军趁着苏军混乱之机，以一部分兵力混入苏军运输队，夺占了西德维纳河渡口。

当时，守卫在乌拉河渡口大桥的苏军士兵，突然发现远处驶来一列车队，车上装满了苏军士兵。哨兵拦住了车队询问，车上的人自称是从前线撤退回来的苏军伤兵，哨兵挥手放行。在车辆驶过大桥的时候，这些"伤兵"突然从车上跳下来，缴了苏军守桥分队的武器。这伙假扮苏军的人其实是曼施坦因的部下。曼施坦因令部下利用缴获的苏军车辆，扮成苏军，夺取了乌拉河的桥梁。

曼施坦因指挥第五十六装甲军渡过西德维纳河后，在陶格夫匹尔斯北部建立了登陆场。另一座大桥通过战斗被德军攻占，虽然苏军派出了工兵炸桥，但引爆炸药的工兵被德军消灭了。

西德维纳河是拉脱维亚和白俄罗斯北部的大河，发源于瓦尔代丘陵，以大弧形分别从南及西南流经俄罗斯和白俄罗斯，再从西北流入拉脱维亚，注入波罗的海的里加湾，全长 1020 公里。该河流域面积为 87900 平方公里，左岸的支流有苗札河、卡斯普利亚河、乌拉河、季斯纳河，右岸的支流有托罗帕河、德里萨河、艾维耶克斯泰河、奥格列河。在其流域内分布着 5000 多个湖泊。

西德维纳河自古以来就是通航要道，它的上游与第聂伯河、窝瓦河、沃尔霍夫河相通，古代该河是波罗的海通往拜占庭、阿拉伯东部贸易航道的一部分。19 世纪初，当地人在西德维纳河的支流乌拉河上挖通了一条运河，将它与别列津纳河沟通，从而与第聂伯河系相通了。这条运河用来浮运木材。另一支流德里萨河与谢别日湖相通，并有运河与加维亚河相通。由于险滩多，再加上 20 世纪以来在河道上修筑了一些堤坝，该河仅有局部河段能够通航。海轮从河口可以上溯 14.5 公里到达里加港。

德第四装甲集群第五十六装甲军拼命扑向西德维纳河，并快速渡过了西德维纳河。由于道路太少，为了保证装甲部队的前进速度，军长曼施坦因命令第八装甲师沿着公路挺进，很快便抵达陶格夫匹尔斯城郊。而摩托化第三师则沿着南面路况较差的道路推进，步兵第二九〇师紧跟其后负责掩护。第五十六装甲军在西德维纳河建立了桥头堡，这使得苏军西北方面军在西德维纳河沿线组织防御的计划彻底失败了。

6 月 27 日，希特勒听说曼施坦因夺取了西德维纳河渡口后，兴奋不已，开始干预前线作战。他指示陆军总参谋长哈尔德改变第四十一装甲军的前进路线，并要求第四十六装甲军也要渡过西德维纳河，与曼施坦因的第五十六装甲军会师。从此以后，由于希特勒多变的指示与干预，将德军北方集团军群在战术问题上搞得混乱不堪。按照希特勒的新指示，北方集团军群的任务是消灭波罗的海地区的苏军，同时占领列宁格勒。然而，德国陆军总部对希特勒的新指示却毫无所知，陆军总部的命令并没有对这两个任务的主次安排做出规定，这为日后的互相指责埋下了伏笔。

这一天，德军第四装甲集群司令赫普纳坐专机来到道加夫皮耳斯附近的桥头堡，视察曼施坦因的部队。令曼施坦因感到奇怪的是，赫普纳竟然不知道具体的进攻计划。

同一天，德军开始攻入利耶帕亚城。苏德双方在利耶帕亚发生了激烈的巷战。德军遭到重大伤亡。

6月28日，在芬兰空军和德国第五航空队的支援下，德芬两国军队在芬兰毗邻苏联北极地区的边境一带展开兵力。德军"挪威"集团军司令部设在芬兰中部的罗瓦涅米，该集团军的进攻计划分为北、中、南3路进军。

北路：德军挪威山地军，军长为迪特尔上将，辖山地步兵第二、第三师，兵力为27500人。北路德军的目标为攻占摩尔曼斯克，维护芬兰佩萨莫镍矿的安全。

中路：德军第三十六军，军长为法格上将，辖步兵第一六九师和党卫军"北方"战斗群。"北方"战斗群的兵力为1个满员师，辖3个步兵团、1个炮兵团、1个反坦克营、1个防空营、1个侦察营等部队。第三十六军兵力为4万余人。该军的目标是占领白海的港口城市坎达拉克沙。

南路：芬兰步兵第三军，辖芬兰步兵第三师、第六师和德军步兵第一六三师步兵第三二四团。其目标是向洛希进攻，切断摩尔曼斯克铁路线。

"挪威"集团军共有4个师（包括"北方"战斗群），兵力为97041人，拥有1037门火炮、迫击炮，坦克113辆（坦克特别第四十营和坦克第二一一营）。"挪威"集团军不包括芬兰第三步兵师、第六步兵师。

与德芬两国军队对峙的是苏军第十四集团军，司令员为弗罗洛夫中将，辖4个步兵师和拥有392辆坦克的坦克第一师，但该师不久被调走，仅剩1个坦克营和1个摩托化步兵团。第十四集团军兵力为52600人，拥有1150门火炮、迫击炮。

总的来说，苏军兵力约为德芬两国军队的一半，处于下风。但是从战备上看，苏联第十四集团军的战备充足，处于上风。

在空军方面，德国第五航空队拥有大批先进的飞机316架。苏军拥有67架快速轰炸机，170架破旧的战斗机，49架水上飞机。从飞机数量和质量上看，苏联空军均处于下风。

苏军由于兵力不足，处于劣势，第十四集团军和下属的各步兵师在战斗时编为1个梯队，各步兵师只剩下1个营的预备队。司令员弗罗洛夫最大限度地建立了防御纵深：

1.在步兵第十四师、第五十二师防区的摩尔曼斯克方向，距芬兰边境2公里处建立了防御阵地。步兵第九十五团和独立侦察第三十五营、第一〇〇边防总队坚守，步兵第十四师、第五十二师的主力部署在较远的西利察河东岸。

2.步兵第一〇四师负责防守坎达拉克沙方向，步兵第一二二师负责防守洛希（得到1个坦克加强营）。

3. 北方舰队的 8 艘驱逐舰、7 艘护卫舰和 15 艘潜艇负责支援陆军。在北极地区附近海域，苏联海军完全掌握了制海权。

6 月 29 日，经过 120 架轰炸机的轰炸和 90 分钟的炮火准备后，"挪威"山地军越过了芬苏边界。该山地军得到了 42 架德国俯冲轰炸机的直接支援。苏军预先做好了充分的准备，在苏军地面部队的抵抗和苏联海军舰炮的轰击下，"挪威"山地军的攻势严重受挫。在起初几个小时的激战中，"挪威"山地军便损失了 300 人。

同一天，苏军最高统帅部大本营为了制止德军北方集团军群向北和东北方向的突进，命令西北方面军在西德维纳河一线组织防御，并将预备队和北方面军来的部队集中部署在普斯科夫、奥斯特罗夫、新勒热夫和波尔霍夫地区，准备在韦利卡亚河一线组织稳定的防御。因此，苏军西北方面军命令第八集团军、第十一集团军撤到西德维纳河右岸设防固守。

苏军西北方面军从预备队第二十七集团军抽调空降兵第五军和机械化第二十一军前往陶格夫匹尔斯地区封闭突破口，对德军北方集团军所占登陆场发起了反突击。然而，第二十七集团军未能阻止德军的猛烈攻击，反而被迫放弃陶格夫匹尔斯向韦利卡亚河方向撤退。

这一天，德军完全占领了利耶帕亚。德军第一军和第二十六军占领了拉脱维亚首都里加。

6 月 30 日，苏联最高统帅斯大林免去了库兹涅佐夫的西北方面军司令职务。

7 月 1 日，德军北方集团军群总司令勒布抵达第四装甲集群司令部，向赫普纳传达了进攻计划的要点。赫普纳是一位直率、胆大、易冲动的德国陆军装甲部队将领，而勒布则是一位保守派，不重视装甲部队。勒布信奉天主教，对希特勒及其纳粹党持批评态度。他很能干，但像其他老式德军将领一样，对装甲部队缺乏全面了解。由于性格和军事生涯的不同，赫普纳和勒布很快就在军事问题上产生了意见分歧。勒布认为自己处于上下夹攻的困境，上面的压力来自于希特勒的过分干预，下面的压力来自赫普纳。赫普纳的战术思想是对的，但他脾气暴躁、容易冲动。希特勒不太信任勒布，担心他对作战没有信心，于是经常干预北方集团军群的事务。

勒布提出：由第十六集团军切断波罗的海国家与苏联的联系；第四装甲集群向东北方向推进，通过尽是沼泽和森林的地带到达伊耳缅湖，以掩护两个步兵集团军的东翼。

赫普纳对勒布如此轻视装甲部队的做法感到不满，反驳道："第十八集团军和第十六集团军，在接下来的两周内不可能发挥核心作用，因为很多步兵师分散在波罗的海各国，很难在两周内形成突击力量。"赫普纳说："装甲部队应通过贝帕斯湖和伊耳缅湖之间的道路，直接扑向列宁格勒。"

赫普纳主张下一个目标应该先抢占远处的列宁格勒，而勒布则主张先消灭驻扎在波罗的海国家的苏军。结果是，勒布下达了一道折中的命令："曼施坦因的第五十六装甲军进攻诺沃尔热夫；莱因哈特的第四十一装甲军进攻列宁格勒方向的奥斯特罗夫。"

第二章

北路德军疯狂突进

希特勒决心把莫斯科和列宁格勒连同几百万市民一起从地球上抹掉："我们应该把莫斯科建成大水库，免得到冬天由我们去养活莫斯科人。"

◎ 为争取胜利，前进！

自 7 月 1 日起，苏军西北方面军第八集团军、第十一集团军分别向北、南两个方向撤退。遭受严重打击的第八集团军放弃里加，向爱沙尼亚方向撤退。第十一集团军被德军北方集团军击溃后，处于无人指挥的状态，混乱不堪地向谢别日和涅韦尔方向撤退。

如此一来，苏军第八集团军、第十一集团军之间的防线在普斯科夫方向重新出现了缺口，这给德军第四装甲集群提供了有利的进攻机会。

苏军在波罗的海地区的撤退行动一片混乱，大量部队不知道应撤到哪里，更不知道应该从哪里渡河。在德军和波罗的海地区民族主义者不断攻击下，苏军和难民疯狂地逃跑。然而，在德军看来，与苏军的其他方面军相比，西北方面军的撤退仍然是成功的。主要原因是，快速行进中的德军根本没有时间和兵力来截住波罗的海沿岸的苏军逃兵。德军沿路捡到了大量武器装备和物资。德军所痛恨的并不是苏军的抵抗，而是苏军跑得太快。德军将军蒂佩尔斯基十分遗憾地认为，他们只是赶走了苏军，而哈尔德也在日记里对苏军的逃脱感到恼火。

7月2日，怒气冲冲的第四装甲集群司令赫普纳电令他在德国陆军总部的联络官哥林少校，要他去向陆军总参谋长哈尔德报告有关进攻目标问题上的分歧，但这份报告被搁置起来。关于先进攻列宁格勒还是先消灭波罗的海地区苏军的问题，德国最高统帅部尚未做出决定，最高统帅部的将领们持截然相反的两种意见，他们在等待元首希特勒的最终裁决。5天后，德国陆军总司令布劳希奇视察北方集团军群归来，他对集团军群总司令勒布的折中计划很满意，认为勒布的计划井然有序。

7月3日，苏联国防委员会主席、最高统帅斯大林发表了著名的广播讲话，号召苏联人民和苏联红军一起抗击德国法西斯军队的侵略。

斯大林发表讲话，号召抵抗德国法西斯

同志们！公民们！

兄弟姊妹们！

我们的陆海军战士们！

我的朋友们，我现在向你们讲话！

6月22日，希特勒德国对我们的祖国发动了背信弃义的军事进攻，而且这种无耻的侵略还在进行着。我们的红军虽然进行了英勇的抵抗，敌人的精锐师团和他们的精锐空军部队虽然已被我们击溃，埋葬在战场，但是敌人又调来了生力军，继续向我们的腹地推进。德军侵占了立陶宛全部领土、拉脱维亚的大部分地区、白俄罗斯西部地区、乌克兰西部一部分地区。希特勒德国的空军正在扩大轰炸区域，对摩尔曼斯克、奥尔沙、莫吉廖夫、斯摩棱斯克、基辅、敖德萨、塞瓦斯托波尔等城市大肆轰炸。祖国面临着严重的危险。

我们光荣的红军怎么能容忍法西斯德国占领我们的一些城市和地区呢？难道法西斯德国军队真的像他们的吹牛宣传家不断吹嘘的那样，是不可战胜的军队吗？

当然不是。历史表明，不可战胜的军队现在没有，之前也没有过。拿破仑的军队一度被认为是不可战胜的，可是他的军队先后被俄国的、英国的和德国的军队所打败。在第一次帝国主义大战时期，威廉的德国军队也一度被认为是不可战胜的，然而这支军队曾经数次败在俄国军队和英法军队的手中，最终被英法军队彻底击败了。现在，希特勒德国军队就跟之前的所谓无敌军队一样，是可以战胜的。他们在欧洲大陆战场还不曾遇到一定规模的抵抗。只是在我国领土上，才遭到了顽强抵抗。

既然由于这种抵抗，希特勒德国军队的精锐师团已被我们的红军击溃了，这就是说，正像拿破仑和威廉的军队曾经被击溃一样，希特勒的军队也是能够被击溃的，而且一定会被击溃。

至于说我们的一部分领土毕竟被希特勒的德国军队占领了，这主要是由于法西斯德国的反苏战争是在有利于敌方而不利于我们军队的情况下发动的。德国法西斯军队是有备而来的，已经完全被动员起来了，他们用来反对我们并且集结到我们边境的170个师团，已经完全处于备战状态，只等待进攻的信号了。而我们的军队需要进行动员，需要向边境集结。这里还有一个情况起了不小的作用，就是法西斯德国不顾它会被全世界认为是进攻一方，而突然背信弃义撕毁了它同我们在1939年缔结的互不侵犯条约。显然，我们爱好和平的国家是不愿意首先破坏条约的，因此也就不能走上背信弃义的道路。

也许有人会问：我们政府怎么会同希特勒和里宾特洛甫这些背信弃义的恶魔缔结互不侵犯条约呢？我们的政府在这方面是不是犯了什么错误？当然没有犯错误！互不侵犯条约是两国之间的和平条约。1939年德国向我们提出的正是这样的条约。我们的政府能不能拒绝这样的建议呢？我想，任何一个爱好和平的国家都不能拒绝同邻国缔结和平协定，即便是这个国家是由像希特勒和里宾特洛甫这样一些吃人魔鬼领导的。当然，这是在一个必要的条件下缔结的，即和平协定既不能直接也不能间接触犯爱好和平国家的领土完整、独立和荣誉。大家知道，德国同苏联订立的互不侵犯条约是这样的条约。

我们同法西斯德国缔结互不侵犯条约，赢得了些什么呢？条约保证了我国获得一年半的和平，使我国有时间准备反击力量。如果法西斯德国胆敢冒险违反条约进攻我国的话，赢的肯定是我们，输的肯定是法西斯德国。

法西斯德国背信弃义撕毁条约，进攻我们，赢得了些什么，而又输掉了些什么呢？他们这样做虽然军事上短期内处于某种有利的地位，但是在政治上却输了，在全世界面前暴露了他们血腥的侵略者面目。毫无疑问，法西斯德国暂时的军事优势，只是偶然因素，而我们的巨大的政治优势，是长久的因素，因此我们的红军在反法西斯德国的战争中具有决定意义的军事优势必将日益增强。

正是因为如此，我们英勇的陆军，我们英勇的海军，我们的飞行员——我们的雄鹰，我国各族人民，所有欧洲、美洲、亚洲的优秀人士以及德国所有的优秀人士，都在谴责德国法西斯分子的背信弃义而同情我们，赞同我们政府的行动，认为我们的事业是正义的，法西斯德国一定能被击溃，我们一定能取得最后的胜利。

由于突如其来强加于我们的战争，我们已经同最凶恶而阴险的德国法西斯军队展开了殊死决战。我们的红军正同以坦克和飞机武装到牙齿的法西斯德军进行英勇顽强的战斗。红军和红海军正在克服重重困难，为保卫每一寸国土而誓死战斗。拥有数千辆坦克和数千架飞机的红军主力正在投入战斗。我们的红军战士英勇顽强，举世无双。我们的红军对法西斯德军的反击日益加强。全国人民正在同红军一道奋起保卫祖国。

为了战胜法西斯德国的侵略，我们需要做些什么呢？为了粉碎敌人，我们应该采取什么样的措施呢？

首先，我们必须了解到威胁我们的危险严重到怎样的程度，一定要放弃泰然自若、漠不关心的心理，放弃和平建设的情绪。这种情绪在战前是完全可以理解的，但是现在，战争改变了当下的形势，如果不改变这种情形，将是非常危险的。法西斯侵略者残暴无情，他们的目的是侵占我们用自己的汗水灌溉出来的土地，掠夺我们用自己的劳动获得的粮食和石油。他们的目的是恢复地主政权，恢复沙皇制度，摧残俄罗斯人、乌克兰人、白俄罗斯人、立陶宛人、拉脱维亚人、爱沙尼亚人、乌兹别克人、鞑靼人、莫尔达维亚人、格鲁吉亚人、阿尔明尼亚人、阿捷尔拜疆人以及其他各自由民族的民族文化。因此，这是苏维埃国家生死存亡的问题，是我们各族人民生死存亡的问题，是我们各族人民享受自由还是沦为奴隶的问题。我们必须了解这一点，不要再对此漠不关心了，动员起来，按新的、对敌人毫不留情的战时轨道来调整我们的工作。

其次，必须使垂头丧气分子和胆小鬼、惊慌失措分子和逃兵在我们的队伍中毫无容身之地，使我们在斗争中无所畏惧，并且奋不顾身地投入反法西斯的卫国解放战争。我们国家的缔造者伟大的列宁曾经说过，苏联人的基本品质应当是在斗争中勇敢、大胆、不知畏惧、决心同人民一起为反对我们祖国的敌人而战斗。必须使布尔什维克的这种优良品质成为红军、红海军以及苏联各族人民所具有的美德。

我们应当立即按战时轨道来调整我们的工作，一切服从于前线的利益，服从于粉碎敌人的组织任务。我们各族人民都应该知道，德国法西斯对保证全体劳动者享有自由劳动和美好生活的我们的祖国，是极其痛恨和仇视的。各族人民应当奋起反抗，守护自己的权利和国土。

红军、红海军和苏联全体公民都应当捍卫每一寸国土，应当为保卫我国的城市和乡村战斗到最后一滴血，应当表现出我国人民固有的勇敢、主动和机智精神。

我们应当全面支援红军，保证大力补充红军队伍，保证供应红军一切必需品，组织军队和军用物资的迅速运输，以及广泛救护伤员。

我们应当巩固红军的后方，全部工作服从于这个事业，保证加强一切企业，生产更多的步枪、机关枪、大炮、子弹、炮弹、飞机，组织对工厂、电站、电话和电报联络的卫护工作，完善地方的防空事宜。

我们应当与一切扰乱后方分子、逃兵、惊慌失措分子和造谣分子进行无情的斗争，消灭间谍、破坏分子和敌人的伞兵，在各方面及时支援我们的歼敌营。必须注意到，敌人是阴险狡猾的，善于欺骗和造谣。必须想到一切，千万不要受敌人的挑拨。凡是因惊慌和畏惧而妨害国防事业的人，不论是谁，都应当立即交付军事法庭。

当红军部队不得不撤退时，必须运走铁路上的全部车辆，不给敌人留下一部机车、一节车厢，不给敌人留下1千克粮食、1升燃料。集体农庄庄员应当把所有牲畜赶走，把粮食交给国家机关保管，以便运到后方。凡是不能运走的一些贵重物资，其中包括有色金属、粮食和燃料等，应当绝对销毁。

在敌占区，要建立骑兵和步兵游击队，建立破坏小组，以便同敌军斗争，以便游击战争的烽火遍地燃烧，以便炸毁桥梁、道路，破坏电话和电报联络，焚毁森林、仓库和辎重。在被占区，要造成使敌人及其所有帮凶无法安身的条件，坚决追击他们，消灭他们，破坏他们的一切设施。

我们同法西斯德国的战争绝不能看成普通的战争。这场战争不仅是两国军队之间的战争，同时也是全苏联人民反对德国法西斯军队的伟大战争。这场反法西斯侵略者的全民卫国战争的目的，不仅要消除面临的危险，还要帮助那些呻吟在德国法西斯枷锁下的欧洲各国人民。

　　在这场解放战争中，我们不是孤立的。在这场伟大战争中，我们将获得可靠的同盟者，即欧洲和美洲各国人民，其中包括受希特勒头目们奴役的德国人民。我们为了保卫我们祖国的自由而进行的战争，将同欧洲和美洲各国人民为争取他们的独立、民主自由的斗争汇合在一起。这将是各国人民争取自由、反对希特勒法西斯军队的奴役和威胁而结成的统一战线。因此，英国首相丘吉尔先生关于帮助我们的历史性的演说和美国政府关于准备帮助我国的宣言，就是十分明显的例证，各族人民对这个演说和宣言只能表示衷心的感谢。

　　同志们！我们的力量生生不息。骄横的敌人很快就会相信这一点。同红军一道奋起对进犯我国的敌人作战的，有成千成万的工人、集体农庄庄员和知识分子。我国千百万人民群众将奋起作战，莫斯科和列宁格勒的劳动者已经开始成立成千上万的民兵，来支援红军。在我们反对德国法西斯的卫国战争中，在每一个遭到敌人侵犯危险的城市里，我们都应当成立这样的民兵，发动人民战争，挺身捍卫祖国的自由、荣誉。

　　为了迅速动员各族人民的一切力量，反击背信弃义地进犯我国的敌人，国防委员会已经成立了，它现在把国家的所有权力集中到自己手中。国防委员会已经开始工作，号召全国人民团结在列宁—斯大林党的周围，团结在苏联政府的周围，以忘我的精神支援红军和红海军，粉碎敌人，争取胜利。

用人民的一切力量来支援我们英勇的红军和我们光荣的红海军!

用人民的一切力量来粉碎敌人!

为争取我们的胜利,前进!

◎ 南北夹击

斯大林的广播讲话很快就传到东普鲁士拉斯登堡的"狼穴"大本营里。希特勒听到斯大林的讲话后非常高兴，他认为斯大林号召苏联人发动游击战，为德军屠杀苏联百姓提供了很好的借口。

德军屠杀苏联百姓

希特勒和他的将军们并不重视游击战。他们认为，既然苏军已经彻底失败，那么游击战就更起不到什么作用。希特勒决心把莫斯科和列宁格勒连同几百万市民一起从地球上抹掉："我们应该把莫斯科建成大水库，免得到冬天由我们去养活莫斯科人。"

希特勒对将领们说："8月15日，我们将占领莫斯科。到10月1日，东线战争就结束了。"德军的一位官员在6月29日的私人信件中更是信誓旦旦地写道："再有两周我们就能去列宁格勒和莫斯科旅行了！不过，可能比元首想象的还要快。"

希特勒的看法不是没有依据的。因为苏军和他们的装备损失如此巨大，看来几乎很难恢复元气。到7月4日，苏军已经损失了4600辆坦克和上千架飞机。希特勒告诉他的将军们："苏联人输掉了这场战争，我们消灭了他们的坦克和飞机，这简直太好了。"

哈尔德在日记中写道："被我方查明的苏军164个步兵师中有89个师已经被消灭，有作战能力的步兵师还剩46个，另外18个师被牵制在别处，苏军预备队中还有11个步兵师；被我方查明的苏军29个装甲师中有20个已被歼灭，9个师还有作战能力。苏军仅靠剩的这点兵力，根本没有能力在我军主攻方向上构筑稠密的防线。"

这时，英美对苏联的援助还停留在计划阶段，而德国的盟友纷纷与苏联断交，向苏联宣战。6月22日，罗马尼亚和意大利向苏联宣战。6月26日，芬兰向苏联宣战。6月27日，斯洛伐克向苏联宣战。匈牙利比较谨慎，先在6月23日与苏联断交，又在27日向苏联宣战。在苏联战场上，德国的盟友投入近百万部队和近千架飞机。丹麦和维希法国分别于6月27日和30日与苏联断交。维希法国还派遣了 3000 多人的反共产主义志愿军。

7 月 4 日，德军占领了奥斯特罗夫。苏军西北方面军按照 6 月 29 日接到的指示，出动第一摩托化军和两个预备步兵军，在贝帕斯湖以南的韦利卡亚河一带构筑新的防线。虽然苏军装甲部队进行了顽强的抵抗，但未能阻止德军第四十一装甲军的攻势。

与此同时，德第五十六装甲军军长曼施坦因根据勒布的命令，从沼泽和森林地带中艰难地向前推进，进而向东北方向的奥波奇卡和诺沃尔热夫扑去。对他来说，惊恐万分的苏军形不成什么阻力，只是很多道路被苏军丢弃的坦克、大炮、车辆塞住了，使得他的推进被迫延缓下来。德军通过沼泽地的想法难以实现了，第四装甲集群司令赫普纳下令第五十六装甲军从沼泽地的进攻轴线上撤退，转向奥斯特罗夫，顺着第四十一装甲军走过的路线挺进。

7 月 5 日，德军第四装甲集群第四十一装甲军向通往列宁格勒的门户城市普斯科夫发起进攻。驻扎在普斯科夫的西北方面军司令部急忙撤往东北方向的诺夫哥罗德。

7 月 7 日，德第四装甲集群司令赫普纳坚持派装甲部队进攻列宁格勒，他让曼施坦因的第五十六装甲军从东面进攻，莱因哈特的第四十一装甲军通过卢加的公路直接进攻列宁格勒。当时，德国陆军总司令布劳希奇正在第四装甲集群巡视，他对赫普纳的计划表示支持。德军第四十一装甲军的车辆行驶在沼泽和森林地带的一条公路上，速度缓慢。

同日，"挪威"山地军突破苏军步兵第十四师的防线，推进至大西利察河，并迅速突破苏军步兵第五十二师防线。苏军第十四师师长祖勒巴少将在激战中阵亡。为了减轻苏联守军的压力，北方舰队把 1 个边防营从海上运到德军侧翼，在 2 艘驱逐舰的护卫下成功登陆。苏军的登陆作战使德军十分被动。德军不清楚苏军登陆的规模，德军第二师出动了 3 个步兵营去攻击登陆的苏军。次日，苏军第五十二师趁机发动了反攻；傍晚，德军被迫撤回大西利察河西岸。

7 月 8 日，德军最高统帅部电令北方集团军群于 7 月 9 日突破拉脱维亚—苏联边境的苏军防线。

7 月 9 日，德军第四十一装甲军占领了普斯科夫，北方集团军群开始踏上苏联本土。为保卫列宁格勒，苏军最高统帅部大本营急忙从莫斯科军区调来了步兵第四十一、第二十二军，又从列宁格勒抽出机械化第一军，以这 3 个军重新组建了第十一集团军。第十一集团军残部被编入第二十七集团军。苏军第十一集团军和新组建的卢加战役集群的任务是，坚守德军第四装甲集群通往列宁格勒的道路。

7 月 10 日，德军北方集团军群（辖第十六、第十八集团军，第四装甲集群，共 31 个师）和芬兰的东南集团军和卡累利阿集团军（共 14 个师、3 个旅，配属 1 个德国师）分别在德军第一航空队和芬兰空军、德军第五航空队的配合下，向列宁格勒西南和北部先后发起攻势，准备围歼列宁格勒西北方向的苏军主力。德军目标是封锁并占领列宁格勒，此次攻势由德军第四装甲集群担任进攻主力。

德军第四装甲集群从卢加和诺夫哥罗德兵分两路，企图在 4 天内以突袭方式推进约 300 公里，为围歼苏军创造条件。从这一天起，德第四装甲集群第四十一装甲军经过普斯科夫、卢加、列宁格勒公路，从左翼向列宁格勒方向发起进攻；第五十六装甲军通过波尔霍夫、诺夫哥罗德、丘多沃等地，通过森林沼泽从右翼向列宁格勒的东面迂回，目的是切断列宁格勒与莫斯科方向的联系。为支援第四装甲集群的攻势，掩护该军群东部暴露的翼侧，德第十六集团军推进到大卢基—伊耳缅湖一带。

第四十一装甲军因遭到苏军后卫部队的阻击，每天推进速度不足 11 公里。苏军在每个火力点、公路转弯的地方都设置了一辆坦克，德军需要挨个摧毁。德第四十一装甲军缺乏步兵的支援，狭窄的地形使德军的装甲部队和炮兵很难充分发挥优势。

在普斯科夫的德军，与位于拉多加湖的芬兰军主力遥相呼应，对列宁格勒地区形成了南北夹击之势。苏军第十一集团军在新勒热夫西北地区与德军展开了激战，掩护列宁格勒方向的苏军部队。苏军第二十七集团军从西德维纳河且战且退，在韦利卡亚河至伊德里察河一线组织了防御。苏军第八集团军同方面军主力失去了联系，只好向北退到派尔努、塔尔士一线。

10 日 17 时，芬兰卡累利阿集团军 6 个师及德军第一六三步兵师在拉多加湖一带，攻击苏军的卡累利阿南部防线，收复芬兰在苏芬战争中损失的领土。芬兰军兵分两路：一路卡累利阿集团军从拉多加湖以东发起进攻，防御一方是苏军第七集团军的 4 个师；另一路芬兰东南集团军从拉多加湖以西发起攻击，防御一方是苏军第二十三集团军的 6 个步兵师。在两个方向上，芬兰军均具有兵力优势。

芬兰军参战的主要目的是为了收复卡累利阿地区，但该地区已经成为列宁格勒远郊的重要防御区域，苏联对该地区的军事行动非常重视。面对芬兰军的攻势，苏军顽强阻击。在苏联拉多加湖区舰队的援助下，7 月 10 日至 30 日，苏军在奥格涅茨、彼得罗扎沃茨克、斯维尔河等地与芬军发生了激战。苏军把战线稳定在图洛克萨河、奥格涅茨、绍托泽罗、谢姆湖、波罗索泽罗附近。为了防止芬兰军右翼向维德利察推进，苏军计划于 7 月 24 日派海军陆战独立第四旅在拉多加湖区舰队和 16 架飞机的支援下，相继在伦库卢萨里岛和马京萨里岛登陆。列宁格勒地区局势日益复杂，苏军不清楚德军已经在岛上部署了岸炮连，苏军空中侦察并没有发现这一情况。结果可想而知，苏军登陆部队败得一塌糊涂。

斯大林和伏罗希洛夫

同一天，苏军最高统帅部决定成立西北方向总指挥部，任命伏罗希洛夫为总指挥，辖西北方面军和北方方面军，共 45 个师、3 个旅，波罗的海舰队和北方舰队也归伏罗希洛夫指挥。在防御计划的制订上，伏罗希洛夫以德军即将发动主攻的列宁格勒西南和南部为主要防御方向。他把西北方面军的第二十七、第十一和第八集团军，共 31 个师、2 个旅部署在列宁格勒西南、南部方向和爱沙尼亚方向，把北方方面军分出 6 个师、1 个旅编为卢加战役集群，部署在芬兰湾—伊耳缅湖一带，替代西北方面军一部防守卢加河沿岸。在列宁格勒以北拉多加湖一带，伏罗希洛夫部署了北方方面军的第七、第二十三集团军共 8 个师阻击芬兰军。另外，列宁格勒政府还动员了约 16 万人的民兵营参加城市防御战。

截至 7 月 10 日，苏军西北方面军约 7.4 万人阵亡、1.3 万人受伤，平均每天伤亡 4500 人。苏联丧失了立陶宛、拉脱维亚和俄罗斯的部分领土。苏军最高统帅部决定打破德芬军队即将对列宁格勒进行的夹攻，保卫苏联的革命摇篮和波罗的海舰队的重要基地，做好各项战斗准备。

7 月以来，列宁格勒的几十万军民在从普斯科夫、卢加、诺夫哥罗德、旧鲁萨附近到卡累利阿地峡构筑了长达 900 公里的防御工事。他们还在列宁格勒郊区和市内修筑了几道环形防线。同时，一些军工厂努力提高产量，为前线苏军提供大量武器和弹药。

与此同时，斯大林成为新的国防委员会主席，替代了铁木辛哥的苏军总司令职务。最高统帅部进一步重组，组建了三大战区：第一战区是西北战区，伏罗希洛夫任司令员、日丹诺夫任政委，辖北方方面军、西北方面军及波罗的海舰队和北方舰队；第二战区是西部战区，铁木辛哥任司令员、布尔加宁任政委，辖西方方面军和平斯克区舰队；第三战区是西南战区，布琼尼任司令员、赫鲁晓夫任政委，辖西南方面军、南方方面军和黑海舰队。

为了集中使用已经被德军打得支离破碎的航空兵，苏军最高统帅部决定设立空军司令员一职，由日加列夫担任空军司令员。由于严重缺乏训练有素的参谋人员，苏军被迫从空军和陆军的指挥系统中取消了军级司令部，把军级司令部的参谋们充实到各师指挥部去。到战争后期，军级司令部又恢复了。

朱可夫

根据西北战区司令员伏罗希洛夫的防御计划,北方方面军负责在南面守卫列宁格勒接近地,并出兵在卢加河一带的阵地布防。西北方面军的第十一、第二十七集团军向东撤往伊耳缅湖一带,第八集团军在北爱沙尼亚布防。

当时的形势对德军有利。德军已经控制了西德维纳河上的主要渡口,但德军步兵部队被远远抛在后面。在林木茂密的地带,苏军许多部队通过森林撤到了西德维纳河以北地区,只损失了坦克、大炮和车辆等装备。德军第四装甲集群占领了普斯科夫、奥斯特罗夫、韦利卡亚河一带以及苏联旧边界线上的防御工事,一时还无法切断波罗的海的苏军退路。只有德军步兵部队才有可能切断波罗的海的苏军退路,但当地森林茂密,德军北方集团军群现有的步兵兵力远远不足。因此,苏军的一些溃兵仍在通过森林撤向列宁格勒。

结果，苏西北方面军收纳了大量撤退的部队，迅速恢复了 30 个师的兵力。

这时，从总体上讲，德军对苏军对比为步兵 2：1，炮兵 4：1，但在坦克数量和质量上苏军占优势。德军的步兵部队非常分散，他们需要防守波罗的海沿岸大片地区。还有一些德军步兵部队陷入行进艰难的森林和沼泽地带。苏军集中到补给线短、拥有牢固防线的列宁格勒地区。由此可知，苏德双方在列宁格勒地区的实力对比并不像德军想象的那样乐观，而苏军西北方面军的大溃退反而变成了正确的战略转移。倘若苏军西北方面军在战争爆发时死守边界，必将造成重大伤亡。

◎ 局势越来越紧张

7月11日，苏军卢加战役集群经过浴血奋战，击退了德军第四十一装甲军。此时，身处拉斯登堡"狼穴"大本营的希特勒正密切关注着北方战局的发展，忙于处理那些本应由陆军总部处理的战术问题。

11日中午，德军最高统帅部总参谋长凯特尔给陆军总参谋长哈尔德打电话，向他提出了希特勒的忧虑："希特勒得知赫普纳像疯子一样向列宁格勒扑去，这样的话他们将会与第十六、第十八集团军完全脱节。"

哈尔德发现了第五十六装甲军与第四十一装甲军之间出现的大缺口，为此他也很担心。这一情况当然没有瞒过希特勒的眼睛，他变得烦躁起来，尤其是得知第五十六装甲军遭到苏军右翼第十一集团军的攻击。于是，希特勒电令北方集团军群总司令勒布阻止第四十一装甲军向列宁格勒冒进。北方集团军群总参谋长布伦内克向陆军总部解释道：第四十一装甲军无法通过卢加，因为苏军卢加战役集群的抵抗太顽强，第四十一装甲军只得转向贝帕斯湖。

哈尔德对布伦内克的解释很满意，他不想再就这个问题与希特勒争论了，因为希特勒曾就这个问题与布劳希奇进行了长时间的争论。哈尔德通知布伦内克将改变行军路线的理由写成报告，呈报给希特勒。哈尔德在当天的日记中写道："元首对军事细节进行无休止的干预行为，就像正在蔓延的瘟疫一样，使前线将领们的指挥十分被动。"

德军越往东退地域越宽阔，行进中的各部队呈扇形散开，第十六、第十八集团军的兵力明显不足，各部队之间出现了大的缺口。位于北方集团军群左翼的第十八集团军（辖8个步兵师）一路上需要占领很多的海港和海岛，还要负责歼灭波罗的海沿岸的苏军逃兵，同时还要为第四装甲集群提供左翼掩护。另外，当德军北方集团军群向东北的列宁格勒地区推进时，与其紧邻的中央集团军群向正东面的斯摩棱斯克推进。如此一来，两个集团军群便无法互相掩护。

希特勒通过陆军总部不断遥控勒布，命令他将第十八集团军的一些师调离第四装甲集群，去消灭波罗的海港口的苏军。这样一来，左翼的兵力就更加不足了。此时，在北爱沙尼亚的皮亚尔努—塔尔土一线，苏军第八集团军建立了一道防线，防线的一端位于里加湾，另一端位于贝帕斯湖，该防线处于德军第十八集团军前进的正面。

位于德军北方集团军群右翼的第十六集团军，兵力不足的问题更为严重。因为希特勒曾经下令："不管发生什么情况，北方集团军群的右（南）翼必须强大到足以支援中央集团军群。"

不久前，希特勒得知苏军第二十二集团军在涅韦耳西部建立了新防线。于是，希特勒立刻把第二十三步兵军从第十六集团军抽调到中央集团军群；

接着又把第十六集团军近 60% 的兵力调到中央集团军群的南翼。经过希特勒的一番调动，德军北方集团军群在伊耳缅湖以南的正面中央形成了真空地带，即第四装甲集群的两翼完全暴露给了苏军。在希特勒的胡乱指挥下，德第四装甲集群成了一支孤军，既无法封锁波罗的海，又难以应付列宁格勒地区的苏军。

7 月 12 日，德军第四装甲集群司令赫普纳在征得北方集团军群总司令勒布同意后，下令停止第四十一装甲军在卢加公路线上的推进，改向纳尔瓦进发，进而从西部越过波罗的海沿岸比较开阔的地域进攻列宁格勒。

当德军第四十一装甲军向北进发时，与第五十六装甲军被一条 160 多公里宽的森林、沼泽地带分割开。两军之间的森林和沼泽中只有一两条路相通，坦克难以开进去，两军之间无法相互支援，而步兵部队又远远落在装甲部队后面。第五十六装甲军只得向德诺和伊耳缅湖缓慢推进，而在其没有掩护的右翼旧鲁萨和伊耳缅湖南面，苏军正在集结重兵。

7 月 13 日，西班牙"蓝色师团"抵达德国，准备赴苏联作战。西班牙和维希法国的许多飞行员也加入了德国空军。与此同时，日本加紧侵苏战争动员，把 3 个师团以及 200 多支独立部队纷纷编入关东军，还以陆军第五十一师团为基础组建了关东防卫军。关东军总兵力从 35 万人剧增至 85 万人，作战飞机增至 600 架。日本海军新建第 5 舰队将用于对苏作战。

苏联远东地区的局势越来越紧张了。早在 6 月 29 日，苏军就从远东地区调动陆军师赴西部作战。在日本关东军的军事压力下，远东苏军的兵力在 1941 年不仅未减少，反而由 70 万增至 120 万。

然而，德国并不希望日军进攻苏联，它希望日本在亚太地区扩张，以牵制美国。在德国海军总司令雷德尔的影响下，希特勒认为日本舰队是世界上最强大的海军，日本海军应该充分发挥作用，而不是用衰弱的日本陆军来跟德军争抢苏联。在这个问题上，早期德国驻华武官对日本陆军的低估起到了作用。有趣的是，被希特勒敬重的日本海军却瞧不起纳粹德国。在日本海军眼里，纳粹德国是一伙哗众取宠的臭流氓。受到希特勒藐视的日本陆军却对德国陆军无比崇拜。

在近东地区，土耳其与英美保持着相对友好的关系，但若苏联快灭亡时，土耳其同样会在宿敌苏联的庞大领土上啃上一口。土耳其如果向苏联发动战争，必须冒与英美开战的危险。但是，只要战场上的形势发展到苏联注定灭亡的地步，日本和土耳其都会毫不犹豫地进攻苏联。两国正焦急地等待着这种有利时机的出现。

然而，时机未能如希特勒所预言的那样出现。苏军尽管遭到重创，但它有取之不竭的人力和物力资源。就在德军认为他们已经胜利时，多达 48 个师的苏军预备队正源源不断地开赴前线。这些原本用来对德军发动大反攻的预备队，现在都被用于组织防线。

为防止德军进入莫斯科地区，苏军预备队主要投入西方方面军。苏军已组建了以布琼尼为司令的大本营预备队集团军群（第十九、第二十、第二十一、

布琼尼

第二十二集团军），大批预备队部队被编入西方方面军，而原本准备拨给西南方面军的第十六集团军在斯摩棱斯克地区布防。在大后方，第二十四、第二十八军准备随时参战。

匆忙投入战场的苏军预备队因训练不足，无法改变苏军的战略劣势，但人多势众的预备队可以稳住战场局势，延缓德军向莫斯科推进的时间。与此同时，苏军正在全面扩军，到 7 月 1 日，有 530 万人参军。这些新兵难以在短时间内被训练成有战斗力的部队，但他们通过人海战术依然可以消耗部分德军精锐部队。对兵力不足的德国来讲，日益壮大的苏军最终将演变成一场致命的灾难。希特勒不久就会知道，东线战场规模越打将会越大。

基于列宁格勒在政治、经济和战略上的特殊地位，希特勒和德军统帅部把列宁格勒选为其进攻的主要目标之一。希特勒说："占领列宁格勒，不仅能够实现战略目的，而且能够实现政治目的。"希特勒这么说，也正是这么做的，他要把列宁格勒从地球上抹掉，消灭共产主义革命的摇篮。

为此，德军北方集团军群的任务是歼灭波罗的海沿岸的苏联红军，并在德军中央集团军群一部分兵力和芬兰军配合下占领列宁格勒和喀琅施塔得。第一航空队的 760 架飞机，对北方集团军群给予空中支援。在芬兰东南部，2 个芬兰集团军辖 15 个步兵师（包括 1 个德国师）、3 个旅，将在拉多加湖和奥涅加湖之间、卡累利阿地峡发起进攻，与德军会师于斯维里河流域和列宁格勒地区。芬兰军的进攻行动由德军第五航空队和芬兰空军给予援助。

◎ 南北分兵

德军北方集团军群入侵苏联后，在波罗的海的战斗并未使苏军受到严重的损失。然而，德军的突袭使苏军产生了混乱，这主要是很多苏军部队未经战斗，撤得太快。在一阵恐慌过后，掉队的苏联士兵在森林里开始偷袭德军的后勤部队、救护车辆和后方设施。有些偷袭是有组织进行的，在偷袭的过程中，甚至还出现过苏军坦克。在很多地方掉队的官兵自发地集中在一起，重新编组，先后投入了战斗。他们很少主动进攻德军，但他们具有吃苦耐劳的精神，这种精神使德国军官感到震惊。苏军在不受德军坦克和火炮威胁的地方作战时，表现得十分勇敢。这些地方一般是在森林和沼泽地带。有些波罗的海本土居民仇恨苏军，对德军提供了帮助，使得德占区的苏军逐渐被消灭掉了。

出于对侵略者的痛恨，一些德军俘虏被苏军用最残忍的手段杀掉。德军对苏军俘虏也不手软，尤其是苏军政治委员和犹太人，若他们落到德军手中，等待他们的将是更加残酷的折磨直至死亡。因为，希特勒专门下令德军屠杀犹太人和苏军政治委员。苏军政治委员和犹太籍官兵劝说他们的战友不要投降。苏军士兵明白，任何人被德军俘虏，很可能会遭到严刑拷打，因为到处都流传着有关德军屠杀俘虏的事情，尽管其中大部分是想象的，但的确有真实的一面。苏军士兵相信那些传说，毕竟他们面对的是野蛮的侵略者。

苏军官兵用一切手段进行报复，他们认为投降了或者战败了再拿起武器攻击德军是很正常的事情，因为德军是侵略者。苏军的这种做法主要是希特勒政府对斯拉夫人的种族灭亡政策激起的。

战前，苏军长期重视政治教育，不重视训练，其恶劣的结果在战场上显现出来了。苏军战士第一次上战场，心里非常害怕。他们被迫留在阵地上，被动地等待德军的进攻。当第一个德国兵出现时，紧张的苏军士兵马上就把他击毙了。当德军大部队冲过来后，苏军士兵马上就吓坏了，举起手投降，甚至有的苏军士兵一枪没放就撤退了。当他们害怕家人因此受到牵连，或者害怕自己被德军杀害的时候，他们重新拿起了武器，开始顽强地抵抗德军。

德军对苏军俘虏十分痛恨，但德军没有足够的兵力和时间把苏军俘虏全部看管起来。许多苏军士兵躲进各个角落，杀死向他们靠近的德军，然后再逃跑。不论是苏军士兵先开枪，还是被俘虏以后拿起武器再开枪，这种做法都使德军的伤亡大大增加。

德国开始采取严厉的手段屠杀俘虏，尤其在看到身边的人被偷袭致死时，德军就像兽性大发的野兽一样杀死投降的苏军俘虏。随着德军的屠杀，进一步激发了苏军的战斗决心。

斯大林曾在 6 月 29 日发布过一项指令："将对军人中的制造谣言者、散布恐慌者和贪生怕死者采取最严厉的制裁，包括处决他们的家人。居民中的这类分子一律交由军事法庭处决。"这样苏军中各级政委的权力进一步扩大，对丢失武器者一律处决。另外，苏联政府还在大后方各撤退沿线建立了由军官、内务部官员和政委组成的特别军事法庭，坚决处决投降分子。对成群逃跑的官兵，无法进行集体处决制裁，但特别军事法庭从中挑出军官、政委和抛弃武器的士兵加以清洗。没有穿军装或者未带证件的男人将会受到苏联特别军事法庭的重点审查，因为这一类人很可能是一个逃跑的政委，因害怕被俘虏而丢弃了缀在军装衣袖上的星徽（政委标志）。

7月14日，德军第四十一装甲军在纳尔瓦东南卢加河下游强渡成功。14—18日，在索利齐一带，在空军的支援下，苏军向德军第五十六装甲军发动反突击，迫使德军撤退了40公里。苏军在丢失了波罗的海沿岸大片领土后，其兵力不仅没有削弱，反而由于集中起来而变得越来越强。德军第四坦克集群被迫转入防御，等待步兵部队的增援。至此，德军在4天内进抵列宁格勒城下的狂妄计划破产了。

7月15日，芬兰军主力在奥洛涅茨一带突破了苏军防线，苏军第七集团军被击溃。但是德军和芬兰军也没有成功进抵列宁格勒。

勒布向希特勒报告说："突袭阶段过去了，我军遭到苏军的顽强抵抗。未来作战不能急于求成，需要分阶段实施。"

希特勒对勒布的报告十分不满，于7月17日向勒布表示，准备调第三装甲集群支援北方集团军群。

7月19日，希特勒签发第33号作战指令，命令北方集团军群建立步坦协同体系，解除正面的威胁后，方可向列宁格勒方向进攻。

元首兼国防军最高司令元首大本营

国防军统帅部／国防军指挥参谋部／国防处（作战组）1941年7月19日

1941年第441230号绝密文件

只传达到军官

第33号指令

一、随着斯大林防线被突破和各装甲集群的纵深突击，东方整个战线上第二阶段的一系列会战结束了。中央集团军群在消灭快速部队之间的敌强大战斗集团仍需要较长时间。

南方集团军群北翼部队的作用和机动自由受基辅要塞和背后苏军第五集团军的限制。

二、接下来的作战目的是，阻止其他敌强大部队调往俄国纵深地区，并将其歼灭。

为此，在下述方向上必须做好准备。

1. 东南战线

最重要的目标是，通过实施向心突击，歼灭尚在第聂伯河以西的敌第十二和第六集团军。罗马尼亚主力部队负责在南面掩护此次作战行动。

敌第五集团军也有可能由于中央集团军群南翼部队和南方集团军群北翼部队的夹击而最先受到毁灭性打击。

中央集团军群在完成当前任务、保障后勤补给和部署好对莫斯科方向的掩护兵力后，除若干步兵师应挥师南下外，还应派出其他兵力主要是快速部队向东南方向行动，以便阻止已到达第聂伯河对岸的敌军逃入苏联纵深地区，并将其歼灭。

2. 东线的中央

在消灭被包围的敌大量战斗集团和得到补给以后，中央集团军群的任务是，步兵部队继续向莫斯科推进的同时，以未被派往东南方向第聂伯河防线背后的快速部队切断莫斯科—列宁格勒的交通线，从而在右翼掩护北方集团军群向列宁格勒推进。

3. 东北战线

第十八集团军和第四装甲集群建立联系，翼侧由于第十六集团军向东实施突击而得到了可靠的掩护后，才能继续向列宁格勒方向推进。与此同时，北方集团军群必须全力阻止尚在爱沙尼亚作战的苏军撤向列宁格勒。力争尽快夺取有可能成为苏联舰队基地的波罗的海诸岛。

4. 芬兰战线

芬兰主力部队在得到第一六三师大部兵力加强后，其任务仍然是以拉多加湖以东为主攻方向，向当面之敌发起攻击，然后与北方集团军群协同歼灭该敌。

第三十六军司令部和山地军的进攻目标未变，但它们暂时还可能得不到航空兵部队较强有力的支援，因此在必要时作战行动可以暂时延缓。

三、对于空军，需要特别说明的是，从战线的中央抽调兵力，派出航空兵部队和高炮部队，必要时迅速前调增援部队或相应地变更部署，以重点支援东南战线的进攻。

应尽快以第二航空队的作战部队（暂时可得到从西线调来的作战部

队的加强）空袭莫斯科，作为对苏联空袭布加勒斯特和赫尔辛基的报复。

四、海军的任务仍然是，在海上和空中的敌情允许的情况下进行海上运输，主要是为登陆作战输送补给物资。此外，在敌方基地越来越受到威胁的情况下，我方采取的措施应能阻止敌军逃入瑞典的隔离港。

波罗的海的兵力完成任务后，将快艇和扫雷艇（最初规模为各一个支队）派往地中海。

敌人通过海路运来增援部队，给德军在芬兰的作战行动增加了难度。为了支援德军在芬兰的作战行动，应该派遣一些潜艇进入挪威海。

五、西线和北线，所有3个军种均应考虑抗击英军对海峡群岛和挪威海岸可能实施的进攻的问题。必须做好从西部地区向挪威所有地区迅速前调空军部队的准备。

（签字）阿道夫·希特勒

7月20日，德军向卡累利阿地区调来山地步兵第一三九团、摩托化第六十七营、第二师的全部炮兵，以消灭苏军登陆部队。尽管德军投入大量兵力，但消灭苏军登陆部队的战斗仍然持续了半个月。在消灭苏军登陆部队期间，德军对摩尔曼斯克的进攻被迫停止。在中路和北路，德芬联军未取得什么进展。芬兰军2个师面对的苏军部队只有苏联步兵第一〇四师的1个团和内务部队的第七十二边防总队。即使如此，芬兰军也未能突破苏军的主要阵地。总体来说，德芬联军未达到突袭的目的，他们不适应在北极地区作战，付出了极大的代价。

7月21日，希特勒亲赴北方集团军群司令部督战。在作战会议上，他说：

"我军必须早点占领列宁格勒和芬兰湾沿岸，以消灭苏军舰队。列宁格勒战役的关键在于快速切断莫斯科—列宁格勒铁路，阻止列宁格勒的苏军撤往莫斯科。"

当初，希特勒认为北方集团军群的兵力已经足够，但将领们均认为急需增加八九个步兵师。北方集团军群总司令勒布说："我们需要 35 个师，而我军在增援中央集团军群 4 个师外，只剩下 26 个师了，无法同时完成几项任务。而且，我军主攻方向的伊耳缅湖两侧，大多是森林和沼泽地带，不利于我装甲部队行动。"

到了这个时候，希特勒才感到兵力的确有些不足。为此，他提出了南北分兵的计划，以便尽早占领基辅、莫斯科和列宁格勒 3 个重要城市。

第三章

列宁格勒告急

希特勒对战术细节不断干预，最终引起了前线指挥的混乱。有趣的是，希特勒的反复无常，使得苏军最高统帅部很难猜中他的下一步计划。

◎ 合围

　　7月23日，德国陆军的高级将领们为促使希特勒放弃或推迟南北分兵的计划，向他提出南北分兵的不利因素。希特勒承认当务之急是歼灭苏军的有生力量，但他认为北路的列宁格勒在工业和海运方面也很重要，同时它是布尔什维主义的中心，具有特殊意义。南路的乌克兰工业发达，油田众多，资源丰富。

　　就在这一天，希特勒通过凯特尔下达了第33号指令的补充命令。命令指出："为了实施更深远的攻击，古德里安的第二装甲集群配合南方集团军群行动，夺取哈尔科工业区后渡过顿河，向高加索方向推进；霍特的第三装甲集群转隶北方集团军群，以保障北方集团军群右翼的安全，进而围歼列宁格勒附近的苏军。"至此，德军正式准备南北分兵。

　　以德国陆军总司令布劳希奇为首的德国高级将领对希特勒的做法表示强烈反对。德国陆军总司令部在7月草拟了一份建议书，深入论证了南北分兵与东进莫斯科的利弊，并提出了合理建议："取消南北分兵，从8月12日开始向莫斯科发动强大进攻。如果顺利的话，在9月初德军即可进抵莫斯科。"

当时，即便是听命于希特勒的约德尔也反对南北分兵的意见。希特勒为了维护所谓的领袖尊严，继续坚持自己的主张。后来，苏军西方方面军向斯摩棱斯克方向实施了强大的反突击。形势突变，希特勒才被迫收回命令。

7月30日，希特勒签发了第34号作战指令，决定暂时放弃第33号作战指令及其补充指令，下令中央集团军群与北方集团军群协同作战，并要求北方集团军群应将主力部署于伊耳缅湖和纳耳缅之间，继续向列宁格勒方向推进，合围该市并与芬兰军队会师。

元首兼国防军最高司令元首大本营

国防军统帅部／国防军指挥参谋部／国防处（作战组）1941年7月30日

1941年第441298号绝密文件

只传达到军官

第34号指令

最近几天局势有了新的变化，敌强大兵力在中央集团军群正面和翼侧的突然出现，后勤补给状况，第二和第三装甲集群10天左右休整时间的必要性，所有这些迫使我们不得不暂时放弃在7月19日的第33号指令中和7月23日对该指令的补充规定中提出的继续向前推进的任务和目标。

为此，我命令：

一、陆军

1. 东线北部，在伊耳缅湖和纳尔瓦之间向列宁格勒方向继续发动重点进攻，目的是包围列宁格勒并同芬兰军队建立联系。

在伊耳缅湖以北的沃尔霍夫河畔掩护上述攻势。只有需要掩护伊耳缅湖以北的进攻右翼时，才可以在伊耳缅湖以南向东北方向继续发动进攻。

预先稳定大卢基附近的局势，这一点至关重要。执行这一任务的所有兵力没有必要都用于加强伊耳缅湖以北的进攻侧翼。

装甲部队重新全面做好战斗准备之前，第八装甲集群应停止原计划对瓦尔代高地实施的突击。不过，需要对北方集团军群右翼实施掩护时，中央集团军群左翼必须向东北方向移动。

当下的任务是，调动第十八集团军所有兵力肃清爱沙尼亚的敌人，之后方能将该集团军各师调往列宁格勒方向。

2. 中央集团军群应在有利的地段转入防御。

为了将来进攻苏联，第二十一集团军如果需要占领有利地区，那么可以发动目标有限的进攻。

另外，如果条件许可，第二和第三装甲集群可以从前线撤出，抓紧时间进行休整。

3. 东南战线

当前仅以南方集团军群继续作战，其作战目的是：歼灭第聂伯河以西的敌强大兵力；夺取基辅及其以南的桥头堡，为第一装甲集群将来向第聂伯河东岸推进创造有利条件。

在第聂伯河以西，攻击基辅西北沼泽地区的苏军第五集团军，并将其歼灭。还要随时警戒出现该集团军越过普里皮亚特河向北突围的可能。

4. 芬兰战线

正在向坎达拉克沙方向实施的进攻，应当停止。山地军要尽快消除莫托夫斯基湾的侧翼威胁，第三十六军仅保留为实施防御和制造准备继续进攻假象所需的兵力。

芬兰第三步兵军争取在洛乌希方向切断摩尔曼铁路，所有适合参加这次进攻的兵力都应调往那里，其余可供使用的兵力应拨给卡累利阿集团军。芬兰第三步兵军的进攻假如因地形复杂而停止，则应抽调德军部队并将其配属给卡累利阿集团军。上述兵力主要是指机动部队、战斗车辆和重型炮兵。

利用一切可以利用的道路，将第六山地师送往山地军。可否使用经瑞典通向纳尔维克的铁路，则需通过外交部进行交涉。

二、空军

1. 东北战线

将第八航空军主力配属给第一航空队，将空中打击的重点移至东北战线。及时调整增援部队，以便在北方集团军群开始进攻时（8月6日清晨），将其配属到主要方向。

2. 中央战线

在中央集团军群待命的空军部队的作战任务是，为第二和第九集团军提供必要的歼击机掩护，支援可能发动的局部进攻。

另外，对莫斯科实施的空袭应当继续进行。

3. 东南战线

所有部队任务保持不变。没有减少南方集团军群空军部队的打算。

4. 芬兰战线

第五航空队的主要作战任务是支援山地军。另外，支援芬兰第三步兵军在有希望取得成功的地方实施的进攻。

很有可能派兵增援卡累利阿集团军，一定要做好必要的准备。

（签字）阿道夫·希特勒

勒布在征得希特勒同意后，对原来的兵力做了如下部署：第十八集团军主力继续攻打爱沙尼亚的苏军，夺取沿海港口和岛屿；第十六集团军右翼部署在伊耳缅湖以南一带，除了负责掩护北方集团军群的东南翼外，其主力分成东、西、中3个突击部队向列宁格勒方向推进；第一、第二十八军和第五十六装甲军从诺夫哥罗德、拉多加湖方向迂回到列宁格勒东面，切断苏军撤往莫斯科的通道。在中路，中央集团军群将第五十军还给北方集团军群，该军占领卢加后，向列宁格勒发起攻击；西路实施辅攻，第四十一装甲军和第三十八军从卢加河下游经过赤卫军城，从西面进攻列宁格勒。

这样，德军对列宁格勒就形成了东、西、中三面合围的态势。勒布吸取了装甲部队容易陷入森林和沼泽地的教训，决定以步兵部队通过森林和沼泽地，进而发起主攻，装甲部队作为第二梯队伺机而动。

◎ 空袭柏林

在德军重新部署兵力的同时，苏军也在忙于调兵遣将，他们利用3个星期的战斗间隙加强了防御。7月下旬，苏军将卢加战役集群扩大为3个独立战役集团军。后来，苏军的预备队第三十四集团军加入西北方面军。尽管如此，到7月底，苏军在波罗的海地区的处境仍然很不乐观，主要是芬兰军从拉多加湖东、西两面威胁苏联北方方面军。

7月31日，芬兰军东南集团军第二军和卡累利阿集团军第七军进攻拉多加湖西北地域。半个月后，芬兰军队先后占领希托拉和素尔塔瓦拉，苏军第二十三集团军一部乘船逃离。芬兰军打通了该湖西侧卡累利阿地峡的通道。不久，芬兰第二军从地峡东侧向南进攻，苏军第二十三集团军被击溃，芬兰军占领该湖西岸的凯克斯霍尔姆及其西南一带。接着，芬兰军又突破了彼得罗扎沃茨克方向的苏军防线。

8月1日，斯大林批准了最高统帅部参谋部制订的从厄塞尔岛起飞轰炸德国首都柏林的计划。

苏联空军轰炸柏林

8月4日上午，德军第二装甲集群司令古德里安来到中央集团军群总司令部所在地罗弗伊鲍里索夫，亲自向希特勒汇报战况。这是战争爆发以来，古德里安第一次见到希特勒。希特勒在集团军群总司令部召开军事会议。出席会议的人员有希特勒及其副官希孟德、中央集团军群总司令博克、第三装甲集群司令霍特和陆军总部作战处长豪辛格。

与会人员都要发言，事先谁都不知道别人说什么。会议期间，博克、霍特和古德里安一致主张加紧进攻莫斯科。霍特说他的第三装甲集群要到8月20日才能继续进攻。古德里安说他的第二装甲集群的最早进攻日期为8月15日。

大家发表意见后，希特勒开始发表他的意见。他表示列宁格勒附近的工业区是德国急需夺取的目标，认为莫斯科与乌克兰之间，谁最重要，他很难做出取舍。他说，主要有三个原因促使他想先占领乌克兰：第一，南方集团军群已经在乌克兰奠定了胜利的基础；第二，乌克兰的原料和农产品对德国日后的经济发展和战争都有很大的帮助；第三，克里米亚是苏联轰炸罗马尼亚油田的空军基地，必须消除之。

　　希特勒建议在冬季刚开始时，进攻莫斯科和哈尔科夫。中央集团军群总司令部和陆军总部都主张向莫斯科进攻，并以莫斯科为决战地。古德里安也支持这一主张，他相信希特勒会同意大家的观点。

　　陆军总参谋长哈尔德在日记中写道："当前，我们越来越感到严重低估了苏联巨人的力量。更可怕的是，我们完全低估了苏军的兵力。最初我们估计苏军大约有200个师，现在与我们交战的就已经超过了360个师。十几个苏军师被消灭后，斯大林又投入十几个。苏军的战争恢复能力极强，而且经常发动人海战术。我军战线太长，兵力越来越单薄。"

　　希特勒认为，莫斯科只不过是个地名，而列宁格勒则是布尔什维主义的发源地，是苏联的真正堡垒。与此同时，他还想攻占富饶的乌克兰。如果扫清了乌克兰的苏军，在攻击莫斯科时，就不用担心侧翼了。

　　希特勒第一个目标是夺取乌克兰、顿涅茨盆地和高加索等资源地区，这些地方处于南方集团军群战区内。希特勒的第二个目标是列宁格勒。列宁格勒眼看就要被占领了，但希特勒又犯了一年前在敦刻尔克所犯的错误。希特勒命令勒布的装甲部队在列宁格勒城外停止前进，结果该城仍在苏军控制之下。

希特勒对莫斯科的兴趣减弱了，他认为德国最需要的是物资。经过几天的争论，希特勒不顾所有将领的反对，下令同时向南路的乌克兰方向和北路的列宁格勒方向发起进攻，莫斯科留待最后解决。正向莫斯科逼进的坦克部队转而增援北方集团军群，包围列宁格勒；古德里安的第二装甲集群增援南方集团军群，夺取基辅。

德军参谋总部和中央集团军群的将领们一致认为，一旦拿下莫斯科，苏联的军事工业不仅受到严重损害，而且苏军的防线会一分为二，使苏军无法组织起统一的防御。然而，希特勒仍然固执己见。

8月5日，德军第十八集团军进抵爱沙尼亚首都塔林远郊，并在两日后抵达塔林东面的芬兰湾沿岸，切断了塔林至列宁格勒的铁路和公路。苏军第八集团军第十步兵军（第十、第十八、第二十二师）撤回塔林，第十一步兵军撤到纳尔瓦。塔林基地的陆路交通被切断后，沿岸航道受到了德军火炮的轰击。当时，防守塔林的苏军实力并不弱，拥有 2.7 万人，都投到了第一梯队，其中海军 1.6 万人。苏军拥有舰炮、岸炮和高炮 280 门，其中舰炮和岸炮 97 门，苏军海军航空兵拥有 85 架飞机。

8月6日，苏军最高统帅部将第三十四集团军部署在西北方面军，并指示将其作为整体运用，而非逐次消耗在次要作战上。次日，又将新成立的第四十八集团军调至西北方面军，命令其在伊耳缅湖北边保护方面军的左翼。

同一天，德军最高统帅部发表了一份公报，表达了东线战场胜利在握的信心。公报中赞扬了德军在战争前 6 个星期中的成就，提及北方集团军群已几乎肃清全部的波罗的海国家，突破斯大林防线，并攻占沿着伊耳缅湖到纳尔瓦一线攻打列宁格勒的攻击发起点。根据这份公报，北方集团军在这段时间内已俘获或歼灭 3.5 万名苏军，缴获或击毁 355 辆战车、655 门火炮和 771 架飞机。

8 月 7 日，德军第十八集团军第二十六军占领了拉克韦雷、昆达，进抵芬兰湾南岸。苏军第八集团军被分割为两部分：第十一步兵军撤到东部的纳尔瓦，第十步兵军撤到爱沙尼亚的首都塔林。德军继续向纳尔瓦追击，企图与第四装甲集群第三十八军在纳尔瓦会师。

7 日 21 时，苏军波罗的海舰队 13 架轰炸机从厄塞尔岛的机场起飞轰炸柏林，其中 12 架每架携带了 6 枚 800 千克炸弹，另 1 架携带了 1 枚 1000 千克炸弹。从 8 月 7 日至 9 月 5 日，苏军一共分 10 次空袭柏林，先后出动飞机 86 架。

苏军的空袭给柏林造成的直接损失不是很大，但政治影响很大。苏军这次空袭的指挥官为空军上校普列奥布拉斯基，他和 4 名飞行员荣获"苏联英雄"称号。后来，普列奥布拉斯基还出任了苏联海军航空兵司令。

8 月 8 日，希特勒下令中央集团军第三十九摩托化军和第八航空军支援北方集团军群，并命令北方集团军群总司令勒布"展开对列宁格勒的全面攻势，并与芬兰陆军会师"。

这一天，德军第四十一装甲军和第三十八军从卢加河下游向赤卫军城方向发起进攻。苏军奋起反击，但被德军击溃。

8 月 9 日，德军第四十一、第五十六摩托化军和第三十七军在纳尔瓦河和伊耳缅湖之间的地区发动主要攻势，同时德军第十六集团军的第一、第二十八军将在伊耳缅湖以南进行支援攻击。德军北方集团军群总司令勒布将兵力编成了 3 个群：北部群包括第四十一摩托化军和第三十八军，之后再加上第八装甲师的支援，从他们在卢加河的桥头堡向金吉塞普和列宁格勒进攻；卢加群由第五十六摩托化军组成，第八装甲师担任预备队，将穿越卢加攻击列宁格勒；南部群由第一、第二十八军组成，将沿着托木斯克—诺夫哥罗德—丘多沃轴线攻击苏军第四十八集团军，从东面包围列宁格勒，并切断其与莫斯科的交通线。

当德军北方集团军群向列宁格勒推进时，总司令勒布规划了其两翼的主要作战行动。在左翼，第十八集团军的 5 个师将进至纳尔瓦，而第十八集团军第四十二军将肃清爱沙尼亚海岸至塔林一线的苏军；在右翼，第十六集团军将在伊耳缅湖以南的广阔地区正面向东推进，击败苏军第十一、第三十四、第二十二集团军，攻占史塔拉亚鲁撒和轰利奇卢基，并突破进入瓦尔代丘陵区，切断至关重要的莫斯科—列宁格勒铁路线。

8 月 10 日，德军在卢加方向和诺夫哥罗德方向开始发动进攻。在卢加一带，苏军击退了德军第四装甲集群第五十步兵军的多次进攻；在诺夫哥罗德西南一带，德军第十六集团军击败了苏军第四十八集团军。

8 月 12 日，为了缓解德北方集团军群右翼的压力，便于从右翼腾出更多部队进攻列宁格勒方向，希特勒指示中央集团军群左翼的快速部队，在消灭托罗佩茨以西的苏军以后北上支援北方集团军群，并要求北上德军在莫斯科战役开始前，必须结束列宁格勒战役。

8 月 12—14 日，为了防止德军从东南方向进攻列宁格勒，苏军第三十四和第十一集团军从旧鲁萨出发，向西北推进了 60 公里，严重地威胁着德军第十六集团军的侧后翼。勒布立即把德军第五十六装甲军和北方集团军群唯一的预备队——党卫队"骷髅"装甲师调往旧鲁萨附近洛瓦季河一带，同时向陆军总部紧急求援。

德军进攻列宁格勒

截至 8 月中旬，德军在基辅、斯摩棱斯克和列宁格勒 3 个主攻方向的全面进攻，取得了一系列胜利，苏军受到重创。然而，此时的德军逐渐失去了优势，向东推进的德军战线越拉越长，进攻正面越来越宽，伤亡和消耗急剧增大。德军在兵力不足和补给方面的困难越来越大，推进速度明显降低。与此相反，苏军广大官兵的战斗经验越来越丰富，指挥能力大大提高，增援部队源源不断。

此时，德军北方集团军群的闪击战开始走向失败，因为波罗的海大部分地区以及列宁格勒的所有接近地，均不适合装甲部队行动，德军第四装甲集群陷入了森林和沼泽地带。曼施坦因满腹牢骚，要求把所有的坦克撤出北方集团军群的所属战区。莱因哈特和赫普纳也认为贝帕斯湖、伊耳缅湖地区不适合坦克作战，唯一的出路是使用步兵，但这会减缓推进速度。

希特勒和最高统帅部许多高级指挥官没有指挥过装甲部队。在西欧平原，德军曾使用过坦克群，取得了巨大的胜利。因此，希特勒及德军高层认为坦克是解决一切战争的万能武器。希特勒总想在顷刻间获得胜利。战前，本来德军参谋总部作战方案非常严谨、周密，但后来被希特勒全面否定。德军参谋总部被希特勒的心血来潮和朝三暮四的思想所左右。如此一来，德军在波罗的海地区及列宁格勒的战争计划便缺乏了周密的长远筹划。

德军的前线指挥官急需统帅部提供长远而详尽的军事计划，但希特勒每次有了新想法，就立即向前线部队下达命令。希特勒对战术细节不断干预，最终引起了前线指挥的混乱。有趣的是，希特勒的反复无常，使得苏军最高统帅部很难猜中他的下一步计划。

◎ 激战

8 月 15 日，希特勒不顾陆军总部的反对，从中央集团军群拨给北方集团军群 1 个装甲师和 2 个摩托化师。这时，德国陆军将领们坚决主张攻打莫斯科。

8 月 16 日，德军第一军占领了诺夫哥罗德西部，向丘多沃方向继续推进，威胁着列宁格勒东南部。

8 月 17 日，德军第三十八军占领金吉谢普，随后从芬兰湾南岸向东北发动攻击。德军第二十六军占领纳尔瓦，爱沙尼亚中部和东部全部沦陷。

8 月 18 日，德国陆军总司令布劳希奇向希特勒提出关于中央集团军群下一步作战的建议："苏军主力处于中央集团军群正面。苏军把中央集团军群向莫斯科方向的进攻视为主要威胁……"布劳希奇认为，在入冬前的 9—10 月间，德军应该把中央集团军群的兵力集中使用在莫斯科方向，反对分兵支援基辅和列宁格勒方向。

8月19日，经过几日的激战，德军在诺夫哥罗德东部的沃尔霍夫河右岸成功登陆。德军第二十六军与第三十八军开始向列宁格勒方向推进。

8月20日，德军攻克丘多沃，切断了列宁格勒—莫斯科铁路。德军第四十一装甲军进抵赤卫军城筑垒地域，卢加—列宁格勒铁路和卢加—赤卫军城公路被德军切断。德军想从东南绕过赤卫军城筑垒地域，向列宁格勒进攻，但是被苏军挡住了。

同一天，德军对塔林发动进攻，苏军炮火对德军进行猛烈轰击，双方展开了一场激战。

8月21日，希特勒以口头和书面方式否定了布劳希奇的建议，全面解释了南北分兵的重要性。他说："8月18日陆军关于中央集团军群下一步作战建议是不正确的。"希特勒指出，莫斯科的重要性远在列宁格勒和南方任务以后，他说："入冬前应该占领的最重要目标并非莫斯科，而是克里米亚、顿涅茨工业区和产煤区，切断苏军来自高加索的燃油补给，在北方封锁列宁格勒并同芬兰军会师。"

希特勒说，他要打破英国借助这个尚存的最后大国改变其命运的任何希望，必须实现以下任务：一要消灭苏军，二要占领或者摧毁苏联的原料产地和生产设施，防止其重新武装。

希特勒认为，从德国的自身安全考虑，应使波罗的海地区摆脱来自海上和空中的苏军威胁，并占领黑海地区，首先是占领敖德萨一带和克里米亚的苏军空军基地，保障罗马尼亚油田的安全；从国际政治角度考虑，德军攻入苏联南方的深远纵深的目的是：防止苏联经其南部地区获取伊朗的石油；假如伊朗在近期抵抗苏英两国威胁时，有望得到德军的真正支援，这样伊朗才有可能投入德国的怀抱。

同日，希特勒下令：德军应毫不迟延地利用南方战略上的有利态势，把苏军第五集团军歼灭在科诺托普以西地区；中央集团军群的北上部队应继续进攻托罗佩茨高地，与北方集团军群右翼密切配合，留在莫斯科方向的部队转入防御；南方集团军群应分兵一部强渡第聂伯河，进攻克里米亚半岛。希特勒还下令："首先对列宁格勒进行封锁，与芬军会师后，再歼灭苏军。然后，北方集团军群再进攻铁木辛哥的西方方面军。"

哈尔德为此提出辞呈，希特勒没有批准。第二装甲集群司令古德里安于8月23日向希特勒提出反对意见，但希特勒仍然坚持南北分兵。

8月23日，为了加强对列宁格勒军队的指挥，苏军最高统帅部把北方方面军分为列宁格勒方面军（由波波夫中将指挥）和卡累利阿方面军（由弗罗洛夫中将指挥）。列宁格勒方面军辖列宁格勒北方的第二十三集团军、在列宁格勒西南和南面的第四十八集团军和在爱沙尼亚的第八集团军，科波里耶、南方和斯卢茨克—科尔皮诺个战役集群；卡累利阿方面军辖第七和第十四集团军，北方舰队受其指挥。

8月24日，从斯摩棱斯克开来的德军第三十九装甲军进抵丘多沃，德军东路的兵力大大增强。德军第五十军攻下卢加，在德军第二十八军一部的配合下，在卢加以北一带包围了一部苏军。

同日，德国陆军总部命令北方集团军群的第五十六摩托化军、第二和第十军与中央集团军群的第五十七摩托化军，越过杰米扬斯克向瓦尔代前进，向苏军第十一、第三十四和第二十七集团军发起进攻，以支援对列宁格勒的攻势。在连续数天大雨延宕攻击后，德军第五十七摩托化军的第十九装甲师终于发动了攻击，并于 31 日拿下杰米扬斯克。在南边，这个军的第二十装甲师和第二军在莫沃提特西包围大批苏军，逼近奥斯塔什科夫，并封闭了北方集团军群和中央集团军群之间的缺口。

德国最高统帅部宣称本次作战在这个月内围歼了苏军第十一、第三十四和第二十七集团军（总计 18 个师），缴获或击毁 320 辆战车、659 门火炮，击毙或俘获 5.3 万名苏军；另外在瓦尔代丘陵地区击毁或缴获 117 辆战车、334 门火炮，歼灭或俘虏 3.5 万名苏军。作战结束后，德国陆军总部命令第五十六和第五十七摩托化军加入中央集团军群向莫斯科的进军。

8 月 25 日，在德军第八航空军的配合下，第十六集团军左翼向列宁格勒方向快速推进。其主力顺着莫斯科—列宁格勒公路向西北方向扑去，一部兵力扑向沃尔霍夫河口。同时，德军第一军左翼攻克柳班。

同日，苏军第三十四和第十一集团军撤到洛瓦季河以东，德军东南翼的威胁缓解了。为了缩短战线，夺取有利于东进的阵地，德军第二、第十军和第五十六装甲军向东渡过洛瓦季河，向奥斯塔什科夫—瓦尔代一带扑去。另外，德军突破了苏军波罗的海沿岸东段防线，直接威胁苏军舰队基地。苏军司令部马上派第十军在市内修建街垒，以保障各部队向上船地点集结，舰队相应做好了撤退的准备。

8 月 26 日，德军中央集团军群第九集团军结束了 4 天多的大卢基战役，消灭苏军第二十二集团军一部。第九集团军北翼继续进攻托罗佩茨方向，与北方集团军群会师。

8 月 27 日，苏军最高统帅部大本营撤销西北方向总指挥部，将其剩余人员并入波波夫指挥的列宁格勒方面军。大本营借此取得了对卡累利阿、列宁格勒和西北方面军作战的直接控制权。这道指令在苏军战时指挥与管制制度中独一无二，有效终结了伏罗希洛夫对列宁格勒军事事务的管辖。同时，大本营开始在沃尔霍夫河以东沿着河流部署兵力，这些部队包括新组建的第四十四和第五十二集团军，之后还有第四集团军，他们负责保护沃尔霍夫防线，并预防德军部队向季赫温和斯维尔河前进，与向东穿越卡累利阿地峡前进的芬兰军队会师。

这一天，芬兰军发动了强大攻势，苏军第七集团军拼命抵抗。月底前，芬兰军收复了维堡。指挥作战的芬兰元帅曼纳海姆兴奋地在日记中写道："在我国古老的维堡城堡上，我们的蓝白十字旗重新高高飘起，这证明了芬兰人民的凝聚力和随时准备牺牲的伟大精神。"

同一天，苏联海军塔林港内的 1 艘巡洋舰、15 艘驱逐舰、6 艘潜艇、9 艘扫雷舰、35 艘扫雷艇、4 艘鱼雷艇、10 艘猎潜艇、8 艘护卫艇、12 艘警戒船向喀琅施塔得方向突围。为了尽快把部队撤走，舰队把运送守军的舰船编为 4 个护航运输队，而舰队兵力分为 3 个机动队：主力舰队、掩护舰队和后卫舰队。主力舰队负责护卫第一、第二护航运输队通过尤敏达尼纳角—戈格兰岛；掩护舰队负责护卫第二、第三护航运输队从克里岛安全到达瓦因德洛岛；后卫舰队负责从后边护卫第三、第四护航运输队。

同时，2 艘苏军潜艇被派往赫尔辛基以南海域隐蔽，一旦发现德军舰马上发起攻击，这 2 艘苏军潜艇的任务是拖住德军军舰。另外，苏军航空兵负责在戈格兰岛以东空域掩护舰队的撤退。为了欺骗德军，苏军第十军发起了大反攻。下午 16 时，苏军各部队纷纷登船。

8 月 28 日 14 时，苏军第一护航运输队出发了。50 分钟后，第二护航运输队驶离港口。接着是第三、第四护航运输队。16时左右,3支战斗舰队起航。晚22时前,3支战斗舰队与护航运输队在海上形成了编队,所有舰船排成15海里长的编队驶向列宁格勒。

从护航运输队驶离芬兰湾的那一刻起,直到夜幕降临,苏军舰艇和运输船不断遭到德军的空袭。18时,运输船"埃拉号"触雷沉没。18时25分,"瓦尔德马斯号"破冰船被德军飞机炸弹击中后沉没。"维罗尼亚号"运输船也遭到轰炸。夜色降临,塔林附近海域出现了一片火海,几艘苏军舰船燃起了大火。不久,又有几艘舰船被炸沉。

到了晚上,舰艇上的苏军更加紧张。德军布设了大量锚雷,苏军很难在晚上发现漂在水面上的锚雷。有时,舰艇在两枚锚雷的缝隙中驶过,水兵们用手把锚雷从舰舷推开。苏军扫雷舰因水雷多次爆炸经常需要修理扫雷具,这无形中又耽搁了舰队的航行速度。

◎ 兵临城下

8 月 29 日，苏军舰船继续向东驶去，德军飞机不断进行空袭，舰队防空火力击退了一波又一波德机。运输船和辅助船只既没有防空炮火，又没有战斗舰艇的高航速，更没有战斗机的掩护，一天内竟遭到 100 多架次德军飞机的空袭。几天后，舰队船只才艰难地抵达喀琅施塔得。苏军共运出官兵 2.3 万人，死亡 4000 多人，舰船损失 53 艘，其中被德国空军炸沉 18 艘。苏军波罗的海舰队的紧急撤退尽管付出了惨重的代价，但仍保全了三分之二的舰船：战斗舰 112 艘、运输船与辅助船 21 艘。

塔林基地的失去意味着苏联海军失去了波罗的海，使芬兰湾全部落入德军之手。苏军被迫解散了波罗的海沿岸的海军基地。塔林的失陷使列宁格勒的苏军中央阵地和芬兰湾东部各阵地左翼暴露出来，德军进抵伊尔别海峡南岸，苏军在该海峡布雷就失去了意义。原先苏军布设的水雷障碍反而被德国海军纳入了防潜阵地配系中，苏军舰艇从西驶向戈格兰岛的航线宽度大大缩小。

塔林的失守使蒙群岛与汉科基地沦为德军战线的大后方，尽管基地的苏军仍坚守着蒙群岛和汉科半岛，但是对于战争已经没有什么意义了。蒙群岛地处芬兰湾入口，群岛面积为 4000 多平方公里，由 4 个大岛（萨烈马岛、穆胡岛、希乌马岛和沃尔姆西岛）和约 500 个小岛组成。蒙群岛南隔伊尔别海峡与拉脱维亚相望，东隔穆胡海峡与爱沙尼亚相望，群岛海岸线为 820 公里。

早在 6 月 23 日，苏军总参谋长朱可夫就下达了指示："波罗的海沿岸军区负责萨烈马岛陆地防御，列宁格勒军区负责希乌马岛陆地防御，波罗的海舰队负责海岸防御。"直到德军攻克利耶帕亚和里加后，蒙群岛防御才由要塞司令海军少将叶利谢耶夫统一指挥。6 月 29 日，苏联海军命令波罗的海舰队："不管陆地战局怎样，都应守住萨烈马岛和希乌马岛。"后来，苏军在蒙群岛修筑了 260 个火力点，布设了 2.3 万余枚地雷，修筑了防登陆障碍 140 多公里。

苏军在蒙群岛的守军约有 23663 人，其中陆军主要为第三独立步兵旅，守军装备着 6 艘鱼雷艇、17 艘扫雷舰等，还有陆军的 16 个火炮与岸炮连共 213 门火炮，以及 12 架飞机。

8 月 30 日，希特勒召见陆军总司令布劳希奇，双方勉强达成"一致"意见。经过 1 个多月的激烈争论，德军的南北分兵计划最终确定下来了。德军中央集团军群所属第二装甲集群和第二集团军南下，参加基辅战役；第三装甲集群和第八航空军北上，支援北方集团军群。

这样，德军的兵力部署就出现了重大变化：在南方集团军群，德军兵力约占侵苏德军的一半，还有罗马尼亚的 2 个集团军支援；兵力极其薄弱的北方集团军群兵力大增强，其攻击力明显增强；原为主攻方向的中央集团军群仅剩 2 个步兵集团军，转入防御。

希特勒的南北分兵计划为德军在基辅赢得重大胜利创造了条件，该计划为德军在列宁格勒取得短期进展也创造了条件，彻底减轻了德军中央集团军群的两翼威胁。南北分兵的计划的企图是首先占领南北两翼，再在入冬前占领莫斯科。但其结果是，战线过长的德军兵力向两翼进一步分散，德军装甲部队因长途奔袭作战而受到重创。入冬前可供德军进攻莫斯科的时间缩短了一个多月，而苏军利用 1 个多月的时间加强了莫斯科的防御力量。德军在南北两翼取得一定战果后，没有力量实现其主要战略目标，这也表明德军在入冬前结束战争的计划彻底破产了。

这一天，德军第三十九装甲军一部到达姆加，列宁格勒通往各地的最后一条铁路被切断；第三十九装甲军另一部抵达涅瓦河左岸的伊凡诺夫斯基附近，企图强渡涅瓦河，与进攻卡累利阿的芬军会师。为确保列宁格勒安全，波罗的海舰队改成了两个战斗群。东群和尔热夫卡的海军以猛烈的炮火攻击了德军的集结地。接下来的几天里，苏联海军炮兵持续大规模炮击德军，德军被迫放弃了渡河计划。

同一天，苏军波罗的海舰队转隶列宁格勒方面军。苏军加强了列宁格勒的防御兵力。在沃尔霍夫河以东防线，苏军调来独立第五十四和第五十二两个集团军，并在斯卢茨克—科尔皮诺一带组建第五十五集团军，防止德军从东南攻打列宁格勒。苏军波罗的海舰队奉命从海上保卫列宁格勒，防止德军从海上攻击芬兰湾南北两岸的苏军。为完成该任务，波罗的海舰队加强了东群，增加了 4 艘炮舰、3 艘护卫舰、4 艘装甲艇、12 艘护卫艇、3 艘鱼雷艇、

4艘扫雷舰和1座浮动炮台，并以东群为基础成立了涅瓦河舰艇支队。

9月，德军制订了占领蒙群岛的"北风"计划。德军计划出兵5万，陆军主要是第六十一、第二一七步兵师，第六十一步兵师作为预备队使用；海军出动巡洋舰3艘、浮动炮台6座、炮舰6艘、登陆驳船34艘、其他艇船20多艘。芬兰海军出动2艘岸防战列舰、2艘破冰船。

9月1日和2日，苏联海军拉多加湖区舰队把陆军第五十军的部队从科伊维斯托岛撤往喀琅施塔得，运出官兵近2.7万人，运出的装备有188门火炮、950辆汽车、2000匹马。

苏联海军波罗的海舰队主力撤到了列宁格勒后，大批舰艇迅速编入各部队。比如，驱逐领舰"列宁格勒号"以及驱逐舰"凶猛号""机灵号""坚韧号"加入西群。战列舰"十月革命号"、驱逐舰"守护号"驻扎在城市运河一带。波罗的海舰队主力的到来，使列宁格勒的防御力量大大增强。此时，波罗的海舰队在列宁格勒的舰炮和岸炮共有345门，该市的防空力量也大大增强，舰队航空兵的286架飞机分布在列宁格勒市的各个机场，其中歼击机170架、强击机11架、鱼雷机及轰炸机50架、水上飞机56架。

9月4日，德军部队开始从托思诺北方地区以240毫米口径重炮轰击列宁格勒。4天后，德军飞机开始对这座城市进行日间空袭。为了对抗德军，苏军最高统帅部大本营命令列宁格勒方面军组织拉多加旅级防空区。

同日，德军攻下爱沙尼亚除一些海岛外的所有领土，芬兰湾南岸被德军控制起来。这时，德军推进至列宁格勒不足50公里处，控制了该市的出海口。列宁格勒只剩一条拉多加湖南岸的狭窄水路与后方相连。

第四章

朱可夫力挽狂澜

　　有一点他不容任何质疑就确定下来了，即要考虑的不是城市陷落时的非常措施，而是如何确保列宁格勒不落入德军之手。为此，朱可夫提出了响亮的口号："不是列宁格勒惧怕死亡，而是死亡惧怕列宁格勒！"

◎ 大军围城

1941 年 7 月至 8 月，德军北方集团军群占领了列宁格勒州大部分地区。德军开始大规模轰炸和炮击列宁格勒市，地面部队从四面八方向列宁格勒推进，其中大批装甲部队和摩托化部队推进到通往乌里茨克、普尔科沃高地和斯卢茨克一带的接近地。显然，德军是要发动一场决定性的战役。

苏共中央和苏联政府号召列宁格勒市军民誓死保卫自己的城市。同时，苏军西北方面军司令员伏罗希洛夫向当地苏军下达紧急动员令："疯狂的法西斯德军正向伟大光荣的列宁格勒逼近！我们要在自家的大门口，用胸膛挡住德国人的战车！"

根据希特勒的 8 月 15 日指示和 8 月 21 日的南北分兵计划，北方集团军群得到了 1 个装甲军和 1 个步兵师的支援。另外，其东南翼得到中央集团军群北上部队的支援，这为北方集团军群扭转列宁格勒的被动局面并转入进攻创造了有利条件。北方集团军群具体兵力部署如下：

1. 爱沙尼亚方向：第十八集团军第二十六、第四十二军目标不变，继续歼灭纳尔瓦和塔林方面的苏军，完成后尽快向列宁格勒挺进。

2. 列宁格勒方向：对各部队的编制和任务做了调整。

曼施坦因的第五十六装甲军部署在洛瓦季河沿岸旧鲁萨一带，北方集团军群的预备队党卫队"骷髅"装甲师归属该装甲军。第五十六装甲军在第十六集团军的统一指挥下，支援第十六集团军的第十军，消灭北方集团军群东南方面的苏军第三十四和第十一集团军，掩护集团军群主力向列宁格勒方向发起进攻。

第三装甲集群第三十九装甲军部署在主攻方向上，与第十六集团军第二十八军混编为施密特集群，由第十六集团军统一指挥。施密特集群的任务是：在第十六集团军第一军的配合下，从诺夫哥罗德出发进攻列宁格勒东南部。

第五十军转隶第四装甲集群，以替代调走的第五十六装甲军。第四装甲集群应在十八集团军第三十八军配合下，从纳尔瓦—卢加一带向列宁格勒西南部发动进攻。

另外，希特勒再三敦促芬兰军加速南进，以便早日与德军会师，转而进攻列宁格勒后方。

9月6日，希特勒决定9月底发起莫斯科战役。为此，他要求北方集团军群立即与在卡累利阿地峡的芬兰军会师，迅速歼灭列宁格勒方面的苏军，隶属于北方集团军群的所有快速部队和第一航空队主力特别是第八航空军最迟于9月15日全部调往莫斯科方向。

得到希特勒的指令后，北方集团军群总司令勒布马上催促所属部队进攻列宁格勒，同时调整了北方集团军群的部署：待歼灭瓦尔代高地以西的苏军后，原第十六集团军主力应在伊耳缅湖南北两侧及沃尔霍夫河一带加强防御；第三十九装甲军继续进攻拉多加湖一带，尽快在斯维里河一带与芬兰军会师；第四装甲集群改为主攻，从南部进攻列宁格勒；第十八集团军从喀琅施塔得湾沿岸发动辅攻。

勒布的围歼计划分两个阶段：第一阶段从施利谢尔堡、杰茨科耶谢洛、乌里茨克一带形成包围圈，第二阶段是收缩包围圈。根据勒布的计划，北方集团军群将进攻列宁格勒和瓦尔代高地的时间定在 9 月 8 日。

9 月 7 日，德军攻下苏军只有 2 个连防守的沃尔姆西岛。此后两日，德军向穆胡岛发射了 15000 枚炮弹，投掷了 3000 枚炸弹，苏军岛上的防御工事遭到严重破坏。经过连日激战，德军消灭了苏军 1 个步兵营和 2 个工程建筑连的大部分，苏军残部从奥里萨雷大堤撤到萨烈马岛。

9 月 8 日，德军开始封锁列宁格勒。随后，德军空袭炸毁了该市的巴岱夫斯基食品仓库，从此列宁格勒的粮食食品供应发生危机。于是，斯大林派米科伊安的粮食人民委员会代表巴甫洛夫到列宁格勒，负责粮食的配给与管理达两年之久。巴甫洛大的粮食配给制度以城市中每个军人的职务和居民工作情况为基础，建立严格的标准。

这一天，位于瓦尔代高地的德第十六集团军从波拉河一带发起攻击，所属第二军一部很快就占领了杰米扬斯克，拉开了围攻列宁格勒的战幕。德军还攻克了位于拉多加湖南岸的施利谢尔堡，从陆路封锁了列宁格勒，从而使其与外界的联系只能通过空中或者通过拉多加湖进行。面对德军疯狂的进攻，守卫列宁格勒的苏军一片混乱。

9 月 9 日，德军北方集群第四装甲集群和第十八集团军一部开始向乌里茨克、普尔科沃高地、斯卢茨克一带发动进攻。苏军誓死抵抗，第一天战斗结束时，苏军防线的一段10公里宽的正面防御阵地被德军突破了2—3公里。

在德军主要进攻的赤卫军城一带，苏军第四十二集团军一部进行顽强阻击，德军伤亡惨重，苏军也付出了巨大的代价。德军第四十二集团军所属第五十军经过几天的苦战，终于突破了苏军防线，将赤卫军城包围起来。同一天，德军第二、第十军，第五十六装甲军以及第三装甲集群第五十七装甲军在杰米扬斯克以西合围了苏军西北方面军17个师的部分兵力，并于4天后将其消灭。

至此，德军完全控制了列宁格勒通往苏联其他地区的陆上交通线，使其从此只能经由拉多加湖或通过空运对这座城市运送物资。这些恶劣的现实条件使苏军统帅部和列宁格勒方面军相信列宁格勒的争夺战即将达到最高潮，而德军领导阶层大部分人则感觉最高潮已经过去，这座城市正坐以待毙。德国陆军总参谋长哈尔德在日记中写道："列宁格勒，我们的目标已经达成，这个地方即将变成次要战区。"

◎ 朱可夫来了

　　希特勒决定防止不必要的流血，停止了对这座气数已尽的城市发动突击。希特勒被中央集团军群战区内的新机会诱惑，因而命令北方集团军群总司令勒布对列宁格勒围而不攻，最终达到困死城内军民的目的。

　　为此，希特勒在第35号作战密令中要求德军中央集团军群着手进军莫斯科的行动："对敌军部队作战，最初在于南方集团军群和中央集团军群结合部两翼获得成功，并且在包围列宁格勒地区的敌军部队时获得进一步成功。苏军铁木辛哥的西方方面军在中央集团军群面前无法成功进行攻势作战，如此一来创造了对其进行决定性作战的必要前提。必须在现有命令指示的有限时间内，于入冬前将其彻底击垮。"

　　这一天，苏军预备队方面军司令员朱可夫正在指挥夺取叶尔尼亚突出部斯特列尔纳河西岸登陆场的战役，忽然接到总参谋长沙波什尼科夫的电报，让他于当天20时到最高统帅部一趟。朱可夫稍微考虑了一下，即刻给沙波什尼科夫发了一份电报："请转告最高统帅部及斯大林同志，鉴于这里的形势，我要求迟到 1 个小时。"

当朱可夫走进克里姆林宫时，斯大林正在吃晚饭。斯大林没有询问朱可夫为什么要迟到，而是向他谈起了列宁格勒当前的战局。德军已经切断了与列宁格勒所有的陆上联系，芬兰军队从北面进攻卡累利阿，德军北方集团军群第四装甲集群从正南发动了攻击。

斯大林指指旁边的椅子，示意朱可夫坐下，然而直奔主题："列宁格勒的局势非常严重，我看伏罗希洛夫是无能为力了。列宁格勒绝对不能失守，最高统帅部决定派你到那里去，接替伏罗希洛夫担任总指挥。"

说到这里，斯大林停了一下，用似乎有些痛苦但又不容质疑的语气说："朱可夫同志，你只有两条路可以选择，要么阻止敌人的前进，要么……同别人一起牺牲。"

朱可夫默默地点点头，没提别的要求，只请求允许他带上几位得力的军官一同前往。

斯大林说你想带谁都可以。他走到办公桌前，拿起一张字条，递给朱可夫："今晚，你就到列宁格勒，把这张字条交给伏罗希洛夫。祝你成功！"说完，他紧紧地握了握朱可夫的手。

9 月 10 日凌晨，朱可夫带着他亲自挑选的霍津中将、费久宁斯基少将和可可佩夫少将，来到莫斯科中央机场，从这里乘专机飞往列宁格勒。

朱可夫，1896 年 12 月 1 日出生于卡卢加省特列尔科夫卡村的一个贫苦家庭。他的父亲康·安德烈维奇是一名鞋匠，母亲乌·阿尔捷耶芙娜在农场干活。1904 年，8 岁的朱可夫便开始干繁重的农活，他只在小学念了 7 年书。

1908 年 7 月，朱可夫给毛皮匠舅舅皮利欣当学徒，利用晚上和周末的时间刻苦自学。1913 年，他通过了莫斯科市的中学考试。

朱可夫

1915 年 8 月 7 日，朱可夫应征入伍，被分配到预备骑兵第五团。1916 年 10 月，朱可夫所在的小分队在侦察时，踏上了地雷，他因伤被送往后方治疗。1918 年 8 月，朱可夫进入红军莫斯科骑兵第一师第四团。1923 年 4 月，担任布祖卢克骑兵第三十九团团长。1933 年 3 月，朱可夫升任骑兵第四师师长。1938 年年初，升任骑兵第六军军长，此后不久又升为白俄罗斯军区副司令员。

1939 年 5 月，日军为了试探苏军的力量，在中国东北与蒙古交界处的哈勒欣河发动进攻。6 月初，朱可夫到达战场。面对三倍于己的日军，朱可夫以攻为守，打乱了日军的部署，并接管了第一集团军群，负责对日作战。8

月 20 日清晨，苏军 150 架轰炸机对日军阵地进行了大规模轰炸，朱可夫下令苏军全线出击。23 日，苏军开始对被围日军进行清剿。31 日早晨，苏军打败了日军。苏军损失 1 万人，日军损失了 5 万多人。1940 年 6 月，朱可夫晋升为大将。1941 年 1 月 13 日，任苏军总参谋长。

1941 年 6 月 21 日晚，一名叛逃的德国士兵偷越国境，向苏军边防部队提供了德军将于次日凌晨对苏联发动全线进攻的绝密情报。然而，苏联领导人斯大林却不相信这一报告的真实性。21 日夜间，朱可夫从基辅特别军区打来的电话里获悉，一名德军司务长越过防线告诉苏军指挥员，德军将于第 2 天凌晨进攻苏联。朱可夫立即向斯大林做了报告，而斯大林这时还是不愿相信这个事实。

在朱可夫的坚持下，斯大林召来了苏共中央政治局会议。经过讨论和研究，斯大林终于同意发布命令，让边境军区所有部队进入紧急战备状态，但为时已晚。几个小时后，斯大林最不愿看到的事情还是发生了——德军向苏联发动了全线进攻。

6 月 22 日凌晨，德军向苏联开战。德国投入 190 个师，4300 辆坦克，近 5000 架飞机，兵力 550 万人。西部边境的苏军有 268 万人，飞机 1540 架，坦克 1800 辆。苏军很快被分割包围。希特勒扬言在 3 个月内消灭苏联。苏联西部边境 60 多个机场同时遭到猛烈轰炸，苏军半天之内损失飞机 1200 架，其中 800 架飞机没有来得及起飞便被炸毁在机场。苏军许多重要城镇、通信设施、交通枢纽及海空军基地同时遭到严重破坏。

6 月 23 日，斯大林组建了最高统帅部，朱可夫成为 7 名成员之一。7 月 29 日，朱可夫主张放弃基辅，保卫莫斯科。斯大林气愤地说："这简直胡闹，基辅怎能拱手让人？"朱可夫针锋相对："您要是觉得我是在胡闹，那么我请求解除我总参谋长的职务，把我派往前线。"

几个小时后，朱可夫到前线担任了预备队方面军司令员，指挥了叶利尼亚突出部战役。当时德军正在合围基辅的苏联军队，对德军来说，最关键的是守住叶利尼亚，阻止苏军预备队方面军穿过德军的翼侧或后方。从8月30日到9月6日，德军在叶利尼亚损失了近5万人。9月6日清晨，朱可夫率苏联预备队方面军收复了叶利尼亚。

9月，德军中央集团军群到达距莫斯科仅400公里的斯摩棱斯克，南方集团军群全歼了基辅苏军，北方集团军群将列宁格勒重重包围。朱可夫是在苏军西北方面军和列宁格勒方面军几乎无计可施的时候到达列宁格勒这个危急地区的。

朱可夫的到任迅速扭转了列宁格勒濒于崩溃的局面。

◎ 雷厉风行

朱可夫一行来到列宁格勒的斯莫尔尼宫后，即刻从伏罗希洛夫手中接过指挥权。伏罗希洛夫一行则于当天回到莫斯科。朱可夫在通信兵主任的陪同下，到设在地下室的通话所向斯大林报告完毕，便埋头研究起苏德双方的态势来。

朱可夫随后把军事委员会成员叫来开会。西北方面军司令部参谋长戈罗杰茨基上校报告最新情况。朱可夫眼睛盯着地图，全神贯注地听着这位参谋长的报告。戈罗杰茨基有些紧张，不时地用手指擦擦额头上的汗，讲得很吃力。他接任参谋长一职刚刚几天，许多情况他也是刚刚了解到，还来不及做出应有的分析。他报告说："在列宁格勒南方，新组建的第四十二集团军和第五十五集团军经过几天苦战，顶不住敌人的进攻，撤到了普尔科沃高地一线，这里离列宁格勒只有几公里远；在北面，芬兰军队突入并切断了卡累利阿地峡，已构成对列宁格勒的威胁；在西面，整个波罗的海沿岸都已被德军和芬兰军队占领，只有东面通过拉多加湖还与苏联其他地区保持联系。但是，由于德军拥有制空权，所以仅剩下的这条通道能维持多久，还是个问题……"

朱可夫同助手们彻夜研究，讨论如何进一步动员一切人力和物力来保卫列宁格勒。经过讨论，精心制订出一个加强列宁格勒城防的计划。这一计划体现了朱可夫敏锐的观察力和领导艺术，其主要内容有 5 条：

第一，从市区防空部门撤出部分高射炮，将其配置在列宁格勒最危险的防御地段，实施直接瞄准射击，以加强其对坦克的防御。

第二，全部炮火集中支援乌里茨克—普尔科沃高地上的第四十二集团军。

第三，在各要害方向上抓紧建立纵深梯次防御，埋设地雷，在部分地区设置电网。

第四，从卡累利阿地峡抽调第二十三集团军部分兵力给第四十二集团军，以加强乌里茨克地区的防御。

第五，以波罗的海红旗舰队水兵、列宁格勒各军事院校和内务人民委员部人员组建 5—6 个独立步兵旅，限 6—8 天完成。

朱可大强调："我们应当补充第四十二集团军的兵力，其防守的普尔科沃和乌里茨克方向是全线防御重点。现在我命令，马上从第二十三集团军抽调一部分兵力归第四十二集团军指挥，请立刻执行！"

参谋长戈罗杰茨基赶紧记下朱可夫的命令，不过有点犹豫地轻声说："可是，司令员同志，第二十三集团军防守的卡累利阿地峡压力也很大，这样一来，就会削弱那个地段的防守力量……"

"废话少说，马上执行，马上！"朱可夫打断他说，"一个普通的作战参谋都明白每一次调动部队都是削弱一个地段，加强另一个地段！今天普尔科沃、乌里茨克是最危险的地段，不加强这里加强什么地方？如果将来有一天，卡累利阿地峡成了全线重点，再调部队去加强也不迟！"

"还等什么！快去执行！"朱可夫看到戈罗杰茨基参谋长仍迟疑地站在那里，便大声地命令道。当参谋长刚要转身出去时，朱可夫又说："下达命令后，你把工作向霍津中将交代一下，我将任命霍津中将接任参谋长一职。"

"还有，"朱可夫继续说，"费久宁斯基同志任方面军副司令员。现在，他已到普尔科沃高地去了解情况了。如果有必要，他将接替伊凡诺夫同志担任第四十二集团军的司令员。你有什么疑问吗？"

说着，朱可夫环视军事委员成员，众人有的点头，有的沉默不语。朱可夫双手一撑桌子，站起身来："就这样了！"

说完，迈开大步走了出去。

从10日晚至11日晨，朱可夫都在与大家研究当前局势和保卫列宁格勒的防御计划，但有一点他不容任何质疑就确定下来了，即要考虑的不是城市陷落时的非常措施，而是如何确保列宁格勒不落入德军之手。为此，朱可夫提出了响亮的口号："不是列宁格勒惧怕死亡，而是死亡惧怕列宁格勒！"

9月11日，苏联最高统帅部正式签发了任命朱可夫为列宁格勒方面军司令员的命令。同时，霍津被任命为方面军参谋长，费久宁斯基接任第四十二集团军司令员。朱可夫立即开始工作，采取一切必要的措施来恢复列宁格勒的防御，在一切问题上毫不留情，不管这样做会得罪谁，他坚持撤换关键的人员。

与此同时，苏联最高统帅部大本营正式免去伏罗希洛夫列宁格勒方面军司令员的职务。

伏罗希洛夫

　　伏罗希洛夫，1881年1月23日出生于一个铁路劳工家庭。他的父亲叶费列姆·安德列耶维奇是铁路巡道工，母亲玛丽姬·瓦西里耶夫娜出身农民，比丈夫小13岁，靠打短工来补贴贫寒的生活。小时候，伏罗希洛夫经常挨饿受冻。1894年，他开始在一所小学读冬季补习班，次年又读了一次冬季补习班。他非常渴望读书，但这对他来说只是一种梦想。

　　1896年，伏罗希洛夫到尤里耶夫卡冶金公司的一家工厂当学徒。1903年，他来到卢甘斯克的加尔特曼机车制造厂工作。在加尔特曼机车制造厂，伏罗希洛夫秘密参加了俄国社会民主工党。后来。这个党分裂成两个党，其中之一是布尔什维克党。伏罗希洛夫选择了布尔什维克党，把自己的命运与列宁领导的社会主义革命运动紧紧联系在一起。

　　1905年1月9日，圣彼得堡14万工人及其家人举行了游行示威。

沙皇派军队前来镇压，打死打伤3000多人。该事件引发了第一次俄国革命，卢甘斯克地区的工人和农民也参加了革命。2月16日，伏罗希洛夫参加了卢甘斯克机车制造厂的工人罢工，并发表了演讲。从此，他秘密地在工人中发展革命分子。伏罗希洛夫曾经多次被捕入狱，遭到沙俄政府的监禁和流放。在监禁地霍尔莫戈雷，他与女革命家叶卡捷琳娜·达维多芙娜·戈尔勃曼相恋了。

一战爆发时，伏罗希洛夫在察里津（后改名"斯大林格勒"，现名"伏尔加格勒"）的一座大炮厂里干活。他秘密地在工人中从事反战宣传。在1917年的二月革命期间，伏罗希洛夫秘密来到彼得格勒（后改名"列宁格勒"，现名"圣彼得堡"），领导了伊兹麦洛夫禁卫团起义。士兵们选举伏罗希洛夫为彼得格勒工人代表和共产党团委员会委员。

十月革命前夕，在列宁的领导下，伏罗希洛夫把矿区工人组织起来，在工人中建立赤卫队。该赤卫队参加了十月革命。11月，伏罗希洛夫担任彼得格勒市人民委员。

1918年3月6日，德奥联军攻克基辅，兵锋直指哈尔科夫和彼得格勒。伏罗希洛夫建立了第一支卢甘斯克游击队，准备与德奥联军作战。3月下旬，他率领游击队从卢甘斯克向科诺托普挺进。在科诺托普，游击队与德奥军队展开了激战。在哈尔科夫工人游击队的支援下，卢甘斯克游击队多次击退德军预备兵团。由于德军兵力众多，于4月8日占领了哈尔科夫。不久，卢甘斯克也被德奥联军包围了。伏罗希洛夫率领部队掩护80列火车从顿河草原撤向察里津。

这时，伏罗希洛夫已经升任第五集团军司令。他指挥部队有力地打击了入侵乌克兰的德奥军队，并与顿河哥萨克白匪军激战了 3 个月。最后，他率部队到达察里津与红军主力胜利会师，从而大大加强了察里津的防御力量。7 月 19 日，伏罗希洛夫奉命来到北高加索军区军事委员会，出任副主席，兼任察里津前线司令、南方方面军副司令。

为了征集防御兵力，伏罗希洛夫派人赴农村动员农民参军，并加强了对红军的训练；为了取得大规模战役的胜利，他将许多游击队改编为正规军；为了对付哥萨克骑兵，他组建了几个用机枪和火炮武装起来的加强师；为支援步兵和骑兵的战斗，他新建了装甲纵队。在伏罗希洛夫的率领下，红军战斗力得到很快提升，击退了敌军的多次进攻，体现出了他杰出的指挥才能。

1918 年 11 月，伏罗希洛夫担任乌克兰政府委员、乌克兰共和国内务人民委员、哈尔科夫军区司令。1919 年 5 月，指挥了苏军在格里戈里耶夫的剿匪战。6 月，出任第十四集团军司令。不久，伏罗希洛夫指挥了卡捷林诺斯拉战役。后来，又指挥了基辅保卫战。

伏罗希洛夫认为骑兵部队机动性强，威力大，苏军必须组建大规模的骑兵集团军。当布琼尼向苏联政府提出该建议时，伏罗希洛夫表示支持。1919 年 11 月，他就任第一骑兵军的军事委员。伏罗希洛夫率领第一骑兵军粉碎了邓尼金军队的进攻。第一骑兵军从波兰军手中收复了乌克兰，歼灭了弗兰格尔的部队。

从 1924 年起，伏罗希洛夫出任莫斯科军区司令，与伏龙芝等人领导了苏联的军事改革。1925—1934 年，伏罗希洛夫担任陆海军人民委员和苏联军事委员会主席。随后，又担任了 6 年苏联国防人民委员，为苏军建设做出了很多贡献。

1941 年 6 月，苏德战争爆发，伏罗希洛夫出任西北方向总指挥部总指挥。他先后担任国防委员会委员、最高统帅部成员、西北方面军司令员和列宁格勒前线司令员、游击队总司令等职。在列宁格勒防御战中，他指挥的部队发动逆袭，在卢加一带阻挡德军达 1 个月之久。

1942 年 12 月 15 日，他协助朱可夫指挥苏军打破了德军的封锁行动。在拉多加湖的冰面上，苏军开辟了军用汽车路。由于他的思想观念仍停留在一战的骑兵时代，因此他在第二次世界大战中战绩平平。

1943 年，伏罗希洛夫参与制订和实施了收复克里米亚半岛的作战计划，歼灭了克里米亚的德军。1945—1947 年担任盟国对匈牙利管制委员会主席。1952—1960 年，担任苏共中央委员会主席团委员。1958 年，他因反对赫鲁晓夫的修正主义，被赫鲁晓夫打成"反党集团"。赫鲁晓夫下台后，苏联政府为伏罗希洛夫恢复了名誉。1966 年，伏罗希洛夫当选苏共中央委员。1969 年，伏罗希洛夫去世，埋葬在克里姆林宫红墙下，苏联人称他为"人民的儿子"。著有回忆录《生活的故事》。

◎ 矛与盾的大对决

朱可夫到任后，夜以继日地工作，他的那种刚毅果断、沉着冷静的作风影响了周围许多人。为了严明纪律、鼓舞士气，朱可夫采取了非常严厉的措施。在视察第八集团军时，他发现该军纪律松弛，有些师长没有接到命令就退出了战斗，军官经常醉酒，士兵一听到枪声就跑。朱可夫立即发出严厉的警告："凡失职者当即处决！"他还逮捕和枪决了有叛国行为或擅自撤退的军官、政委和士兵。

朱可夫将列宁格勒方面军分为 6 个防区，每个防区建立了若干个防御阵地，在每个防御阵地内又建立了 99 个营级防御阵地。防御阵地环环相扣，可谓密不透风。

朱可夫组织市民在全市设置了路障，并在路障前边挖了很多防坦克壕，同时还改进了列宁格勒的空中防御。他接管了国土防空军司令部的防空部队，将防空武器配置在外围的接近地上。部分防空武器群甚至配置在芬兰湾的驳船上。他派人在城市上空投放了大量的阻塞气球，以阻挡德军飞机。由于德军把大量空降兵空降到列宁格勒，为防止城市不受德国空降兵的偷袭，朱可夫建立了阻击德国空降兵的防御体系，它由工人民兵小组、军事消防小组和共青团支队组成。

列宁格勒保卫战

朱可夫下令在市区内歼灭德军的突入部队。苏军在工厂、桥梁和公共建筑物附近布设了大量的地雷。假如德军突入城来，苏军准备派兵炸毁这些设施，将德军步兵和坦克困在雷区。

朱可夫还发动民众准备巷战，以便从建筑物内攻击德军。他指挥司令部人员进行了大量的组织工作，使列宁格勒变成了一座大型堡垒。同时，朱可夫改变了列宁格勒的防御部署。他将一些部队从卡累利阿地峡调到了最受威胁的地方，各预备部队得到了民兵的加强，大批海军官兵弃舰登陆。他还将城市防空的部分高射炮派到乌里茨克、普尔科沃等高地阻击德军坦克。

在朱可夫严厉甚至近乎粗暴的督促下，短短几天内，在原有的基础上，在列宁格勒近郊，迅速形成了一道新的防线。这道防线北起芬兰湾斯特列尔纳附近，经西南的乌里茨克、正南的普尔科沃、东南的科尔皮诺，然后沿涅瓦河到拉多加湖西岸的施利谢尔堡。双方在这条防线上，拉锯般地展开惨烈的争夺。果然不出朱可夫所料，德军把主攻方向放在乌里茨克和普尔科沃一带，而这里也正是由刚接替伊凡诺夫的费久宁斯基所指挥的第四十二集团军防守地段。

9月13日，德军2个步兵师、1个坦克师和1个摩托化装甲师突破苏军防御阵地，占领了康斯坦丁诺夫卡、索斯诺夫卡和芬兰科伊洛沃，向乌里茨克推进。次日早晨，在进行短促而猛烈的炮火准备之后，苏军步兵第十师与友邻部队协同，在航空兵支援下，对德军实施迅猛的突击。经过激烈战斗，恢复了原防御态势，给德军以重大打击，迫使其放弃了索斯洛夫卡和芬兰科伊洛沃。

同一天，另一部德军进抵苏军民兵第五师占据的普尔科沃高地。在此之前，苏军已经将堑坡和火力点修筑完毕。可是，位于戈列洛沃车站地区的普尔科沃右翼阵地，已经于13日落入德军之手。民兵们冲进车站，企图在车站固守。可是，当天下午他们遭到德军第四十一机械化军的步兵师和坦克师的进攻，戈列洛沃车站再度落入德军之手。1小时后，苏军第五师发动反击，又夺回了戈列洛沃。列宁格勒南面的筑垒地带这时大多被德军突破，冲在最前边的德军装甲部队已进抵离市区不足12公里的地方。

9月14日，德军在2艘巡洋舰、2艘岸防战列舰、4艘巡逻艇、5艘武装拖网渔船、8艘小型船只的支援下，进攻萨烈马岛。苏军岸炮火力给德军造成了很大伤亡。德军亟须攻下萨烈马岛，因为苏军轰炸机多次从该岛机场起飞轰炸柏林。

苏德激战

9月15日，苏德双方在乌里茨克的争夺更加激烈，许多阵地在短短的一天之内多次易手。德军明显感受到了苏军的强大压力。晚上8时左右，德军第十八集团军在斯特列尔纳和乌里茨克之间突入芬兰湾，把苏军第八集团军与列宁格勒隔开。这样，苏军就只剩下第四十二和第五十五集团军守卫列宁格勒了。德军统帅部命令第十八、第十六集团军发动钳形攻势，拿出8个师对付第四十二集团军，拿出 3 个师对付第五十五集团军。德军统帅部已经创造了近距离围攻城市的必要条件。

危急关头，朱可夫精心拟订的加强该城防御的计划发挥了极大威力。他的指导思想是使用空军和炮火突击德军，以阻止他们突破防御阵地。在 9 月 18 日以前，组建 5 个步兵旅和 2 个步兵师，为列宁格勒的近距离防御的 4 条防线配备兵力；使用第八集团军突击德军的侧翼和后方，并解放姆加和施利谢尔堡。这项计划要求动员这个地区的一切人力、物力，包括方面军部队、列宁格勒市民以及苏联海军，来加强预备队，扩大防御纵深。

在苏军第四十二集团军的防区，朱可夫计划建立起一道防线，以此来阻止德军通过发动强攻夺取列宁格勒。他非常倚重海岸炮兵和波罗的海海军舰船的火力，因为随着战线缩小和越来越靠近海洋，它们将发挥更大的威力。

同日，德军调来重炮部队轰击苏军的战列舰和巡洋舰，苏军"彼得罗巴甫洛夫斯克号"巡洋舰被击沉。后来，苏军派人将它打捞上来，改造成浮动炮台。

9 月 16 日，德军在斯卢茨克东西两侧突破了苏军防线，继续向北突进。同一天，德军第三十八军一部进抵列宁格勒西南郊的乌里茨克一带。至此，德军完成了包围列宁格勒的第一阶段任务。之后，德军开始收缩夹住列宁格勒的巨钳，用大炮轰击，用飞机轰炸，企图以此来消磨苏联人抵抗的决心。

为了防止德军通过乌里茨克向列宁格勒突破，朱可夫临时组织了 2 个民兵师，以及由水兵、防空军人员组成的 2 个步枪旅，火速增援第四十二集团军。这些部队布置在第四十二集团军防线后面，从芬兰湾沿岸经利戈沃、肉类联合加工厂、雷巴茨克一直到涅瓦河。朱可夫命令各部队未经方面军司令部特别批准，不得从这条防线后撤。就这样，列宁格勒建立起一支强大的第二梯队，建立了有效的防御纵深。然而，在德军强大的进攻下，第四十二集团军和临时组织的军队能否抵挡住，朱可夫心中也没底。这时已经到了危急关头，朱可夫和他的战友们面临着巨大的压力。在紧张的气氛中，朱可夫显得态度生硬、烦躁，对军官特别是中高级军官极为严厉，但对士兵们则保持友好的态度。

同一天，德军部分装甲部队和摩托化部队开始调往中央集团军群，准备即将开始执行的进攻莫斯科的"台风"行动。这时，德军似乎已经胜利在望。当德军接近沃洛达尔斯克和乌里茨克时，细心的朱可夫发现进攻中的德军左翼延伸得很长，兵力松散，于是决定用第八集团军组成反突击集团。这个集团军被德军从列宁格勒城隔开，这时正好可以从德军的侧翼实施反突击。朱可夫迅速把第十、第十一、第一二五和第一六八步兵师以及民兵第三师集结起来。通过内部调整部署，建立起一支强有力的突击力量，同时重编了预备队。

◎ 突击与反突击

9月17日，德军6个师在北方集团军群空军联队支援下，企图从南面向列宁格勒进行突破。朱可夫命令继续进行反击，指示第八集团军司令员收复沃洛达尔斯克居民点，并向红村方向发动突击。苏军第五十五集团军则受命把德军从斯卢茨克和普希金公园赶回去。苏军第四十二集团军继续扩大在乌里茨克地区的战果，同时守住靠近天文台的普尔科沃阵地的中段。然而，第四十二集团军未能守住乌里茨克，次日傍晚，该地再次为德军占领。苏德双方进行着极其残酷的争夺战。

9月18日，苏军向德军的封锁线发起反攻。当天，1个营的海军陆战队配合苏联陆军渡过涅瓦河抵达杜勃罗夫卡。

9月19日，苏军突击集群从奥拉宁包姆登陆场东面进攻红村方向的德军侧后。德军被迫调动乌里茨克、列宁格勒方向的部分兵力增援彼得戈夫方向。苏军突击集群有力支援了第四十二集团军粉碎德军从西南攻入列宁格勒的计划。同一天，德军持续炮击列宁格勒达 18 小时之久，同时出动 276 架次轰炸机对市区进了 6 个波次的空袭，企图摧毁列宁格勒的所有建筑物。

9 月 20 日，在海军舰炮的强大火力掩护下，苏军第四旅再次强渡涅瓦河。经过激战，苏军在涅瓦河左岸建立了登陆场。在苏海军拉多加湖区舰队的掩护下，后续登陆部队不断登陆。然而，苏军第五十四集团军未能突破德军的防线与登陆部队会师。苏军的登陆作战失败了。

9 月 21 日，德军统帅部在《关于封锁列宁格勒》报告中指出："我军要对列宁格勒进行严密封锁，以炮兵和航空兵摧毁该城的所有建筑物……让苏军残部无处过冬。春季我军将占领该市……将所有活着的苏联人一律赶到苏联腹地……将涅瓦河以北的地区送给芬兰。"

当天，德军 180 架飞机空袭喀琅施塔得。中午 12 时，苏军"十月革命号"战列舰的上层甲板被摧毁。

9 月 22 日，德国海军司令部发布了《关于彼得堡市的前途》的元首秘密指令，决定通过封锁、连续空袭和炮击把列宁格勒夷为平地，拒绝苏军一切投降要求。德国海军一向奉希特勒为神明，接到命令后，开始不折不扣地实施这一计划，连续不断地对列宁格勒进行炮击和空中轰炸。

9 月 23 日，只有 20 辆坦克的德军进攻普尔科沃的突击力量大大减弱。如此一来，德军企图在 9 月下旬通过乌里茨克或普尔科沃高地到达列宁格勒的计划破产。苏军第四十二集团军在利戈沃、下科伊罗沃和普尔科沃一线的防御阵地巩固下来了。德军进攻兵力至此消耗大半，由于从列宁格勒地区调走了一些部队，进攻力量进一步削弱。

9 月，德军对列宁格勒市区进行了 23 次大规模空袭，并且大多是在白天进行的。特别是 19 日和 27 日的轰炸尤为猛烈，德军分别出动了 180 架和 200 架飞机，列宁格勒上空火光冲天。

列宁格勒的保卫者们顶住了德军的空袭，面临着极其困难的局面：给养极度缺乏。由于处在德军连续不断的炮火和空中轰炸之下，为这座城市输送给养的唯一动脉——经由拉多加湖的交通线遭到部分破坏，只能部分满足被围部队和居民的需要。

尽管面临的困难很多，但在朱可夫的领导下，苏军官兵和列宁格勒市民依旧同仇敌忾，在城南、东南及北部接近地上建立起周密的防御阵地，包括主要防御地带、次要防御地带以及一系列堑壕阵地和筑垒地域。朱可夫指挥列宁格勒军民在第二十三、第四十二、第五十五集团军和涅瓦河战役集群负责防御的地段，以及最靠近城市的地区都修筑了大量工事，这些工事对于保卫列宁格勒有着极其重要的意义。

到 9 月底，由于遇到苏联军队的顽强抵抗和有效防御，德军的进攻力量逐渐衰竭，被迫靠挖掘工事来据守包围圈，朱可夫率军稳住了列宁格勒南部接近地的战线。

10 月 1 日，列宁格勒市内不得不开始实行配给制。工人每天只能领到 395 克面包，儿童、病人和公务员每天领 195 克。尽管如此，列宁格勒军民并未被德军的封锁和轰炸所击垮，他们在共产党的领导下，与德军展开了激烈的战斗。10 月，因饥饿而死亡的人数大增，街道上尸体到处可见。列宁格勒军民的忍耐力令人震惊，他们宁死不屈，一边加强防空和反炮击斗争，一边进行反围困斗争。

列宁格勒的防空兵力由防空第二军统一指挥，其兵力有防空第二军、歼击航空兵第七军和波罗的海舰队高炮师。另外，波罗的海舰队的歼击航空兵和舰艇防空炮也参加了防空战。

从 1941 年秋开始，列宁格勒的防空力量就得到了加强，共有歼击机 470 架、高射炮 1300 门、对空探照灯 300 部、拦阻气球数百个、雷达 8 部。

根据上述防空兵力，苏军在列宁格勒地区建立了立体环形防空体系：在距离市区 120—140 公里处建立了外层防空情报哨；在市区附近 20—60 公里处建立了歼击航空兵部队负责的掩护区；在市内建立了高炮、高射机枪和拦阻气球掩护区。

为了增大芬兰湾的防空纵深，苏军建立了 8 个驳船高炮连，还组建了大量地方防空部队，在 9 月初地方防空部队就已经达到 27 万人。

在海军方面，为保卫列宁格勒，波罗的海舰队改编成两个战斗群：由战列舰"马拉特号"、巡洋舰"马克西姆·高尔基号"、未竣工的"彼得罗巴甫洛夫斯克号"和驱逐舰"老练号"组成西群；由驱逐舰"整齐号"与"严峻号"等组成东群。为了支援苏军，波罗的海舰队出动 2 艘驱逐舰，与维堡的岸炮密切合作，炮击在维堡地域登陆的德军，令德军无法从列诺加向利汉尼叶米半岛调动增援部队。8 月 26 日和 27 日，波罗的海舰队又向利汉尼叶米半岛发射了 1037 发炮弹，但因未与被支援部队互通情报，炮击效果很差。另外，在喀琅施塔得的岸炮部队组成了第三战斗群。

10 月 3 日，希特勒想以最小的代价解决列宁格勒，于是下令德北方集团军群的装甲部队和机械化部队停止正面进攻列宁格勒，改向季赫温方向迂回，合围沃尔霍夫河下游和拉多加湖之间的苏军。北方集团军群将领们反对希特勒的这个计划，他们认为德军兵力不足，无法向季赫温方向迂回，而且这一迂回会削弱对列宁格勒的进攻，引起严重的后果。

10月3日，为了掩护在新彼得罗德沃列茨和斯特列尔纳的反攻，苏联海军波罗的海舰队发起了战术登陆。在新彼得罗德沃列茨，该舰队出动3个水兵营参加登陆战。同时，该舰队航空兵派90架飞机负责空中支援，并出动1艘战列舰、1艘巡洋舰、1艘驱逐领舰、6艘驱逐舰、4艘炮舰以及86门岸炮。

苏军第六海军陆战旅与第二十步兵师的分队共1293人，在舰队军舰的强大火力支援下在斯特列尔纳实施登陆作战，但没有成功。随后，苏军组织518人在彼得戈夫实施登陆，由25艘护卫艇、12艘舢板、2艘扫雷舰、1艘装甲艇、5艘猎潜艇掩护此次作战。在该舰队的强大火力压制和陆军反攻下，德军从其他地方抽调部分兵力增援涅瓦河沿岸。由于登陆作战组织复杂，苏军缺乏经验，尽管苏军还出动轰炸机和强击机队对沿岸德军进行了攻击，但登陆还是失败了。

德军对苏军的登陆战曾作出这样的评价："第一天，苏军登陆部队几乎都是年轻人，几天前才穿上的军装。严寒的气候加上德军岸防火力的打击，这些年轻的苏军士兵非死即俘；第二天，苏军又派了800人登陆。晚上，苏军又出动了300人登陆。在我军得到加强的岸防部队的围攻下，苏军登陆部队被全歼。苏军的登陆作战缺乏严密的准备，其陆海军之间无法密切配合。"

◎ 莫斯科更需要朱可夫

　　10 月 4 日，苏联国防委员会命令列宁格勒方面军军事委员会委员日丹诺夫和库兹涅佐夫将关键工业与技术人员从列宁格勒疏散至伏尔加和乌拉尔地区。其实，重型战车和装甲车辆工厂及其他许多车间，连同其合格劳工的疏散早已在 8 月时展开。

　　当德军部队 10 月展开作战行动以切断列宁格勒以东的剩余交通线并开始轰炸这些路线时，疏散的速度加快。疏散路线沿着通往拉多加湖的铁路延伸，经由驳船穿越湖泊，再经由铁路通过沃尔霍夫和季赫温至沃罗加和内陆地区。

　　截至 8 月 31 日，共有 282 列火车驶离列宁格勒。德军攻占姆加后，使得运输计划更加复杂，迫使负责相关业务的技术勤务中将葛罗夫科更加依赖使用驳船从施利谢尔堡运送装备横越拉多加湖。德军占领施利谢尔堡后，封闭了疏散路线，留下数以吨计的工业设备困在列宁格勒通往湖畔的铁路旁和公路上动弹不得。最终，基洛夫和伊茨霍拉战车工厂被重新安置在乌拉尔地区的车里雅宾斯克和斯弗德洛夫斯克。同一时间，苏军用飞机疏散1.05万名最有经验的技术人员。这些工厂和技术人员随即在新厂址中继续生产。

尽管严重缺乏技术人员和补给，加上德军持续轰炸，但工厂在疏散期间仍利用当地可使用的资源继续生产。与德军猛烈的9月大轰炸相比，对工厂来说最恼人的时期是从1941年11月至1942年年初，当时缺乏燃料和电力，加上饥荒造成的人员损失，迫使许多工厂的生产完全停了下来。饥荒高峰期，工厂工人在任何已知时段有50%~60%不在工作岗位上，这对前线补给弹药的状况造成重大冲击。即使如此，在这段时间内，列宁格勒的工厂仍持续供应其他关键区域的红军部队，特别是莫斯科防区。在10月与11月，根据国防委员会的指令，列宁格勒经由拉多加湖和空运输送至关重要的武器和弹药至莫斯科。运送基洛夫和伊茨霍拉工厂关键技术人员至乌拉尔地区的北方特别航空队参与了运载重要补给物资至莫斯科的空运。

10月5日，朱可夫指挥列宁格勒方面军打退了德军迂回普尔科沃高地的进攻后，正在全神贯注地分析德军下一步会采取什么行动。这个时候，方面军侦察处处长叶夫斯季格涅耶夫走了进来。他看到朱可夫的目光没有离开地图，也没有与他招呼的意思，犹豫了一下，似乎想说什么，又怕打断司令员的思路，站了一会儿，轻轻地走到朱可夫身边说："司令员同志，有个情报我认为很重要，必须现在报告。"

朱可夫盯着地图，嘴里迸出一个字："讲。"

"据我们侦察小组报告，德军两支装甲部队昨天夜里隐蔽撤出阵地，沿姆加至莫斯科铁路线向莫斯科方向开去。"当侦察处长开始说的时候，朱可夫俯身在地图上似乎没在听，但是当讲到"隐蔽撤出阵地"时，朱可夫身子没动，可是眼睛一翻，目光跃出地图，看着桌沿。

当侦察处长最后一句话刚说完，朱可夫"呼"地一下转过头来，目光咄咄逼人，语气严厉："什么？这不可能！勒布正准备对我们发起新的进攻，他怎么会调走部队？！你们是不是听信了间谍分子的谣言？要不就是你手下的人中有帮着德国人干活的！这可能是勒布声东击西之计，他想麻痹我们，知道吗？！"

叶夫斯季格涅耶夫深知朱可夫的脾气，但还是忍不住要申辩，他刚说了一句，就被朱可夫打断了："行了，现在不是申辩的时候，马上再去侦察，核实了再来告诉我，否则，我送你上军事法庭！"

当叶夫斯季格涅耶夫再次来向朱可夫报告情况的时候，朱可夫已经不看地图了，没等侦察处长开口，便问道："核实过了？属实？"

"属实。"叶夫斯季格涅耶夫毫不犹豫地回答。

"那就是说，勒布这个老家伙已经没有力量再发动进攻了。可是，他们去了莫斯科，这可不是什么好兆头。"朱可夫说着，几个大步走到门口，侦察处长知道他要去向莫斯科报告。

朱可夫的分析没有错，希特勒已经命令他的军队执行进攻莫斯科的"台风"行动。在希特勒的头脑中，征服苏联的战争似乎要结束了。

傍晚，朱可夫正要准备给斯大林打电话报告德军北方集团军群撤出装甲部队扑向莫斯科的消息时，在楼道里碰到了通信部主任。主任告诉他，斯大林让他一小时后听电话。利用这段时间，朱可夫把列宁格勒的战局作了一番分析，包括对今后形势的看法，准备向最高统帅报告。他认为这是斯大林急于要了解的。

一个小时刚过，斯大林的电话就打来了，他简要询问了列宁格勒的情况。朱可夫报告说德军已停止进攻。德军损失严重，现已转入防御，但城市仍在遭受德军炮击和空袭……苏军的空中侦察发现德军机械化和坦克纵队正从列宁格勒向南大规模运动，德军指挥部显然正在把这些部队调往莫斯科。

听了朱可夫的报告后，斯大林沉默了一会儿，然后说，在莫斯科方向，特别是西方方面军的局势非常严重。斯大林接着说："朱可夫同志，请立即乘专机来莫斯科，这边情况相当严重，最高统帅部想和你商谈必要的措施。你的职务由霍津同志接任。"

朱可夫听说莫斯科形势非常严重，看来列宁格勒这边的情况是来不及报告了，他马上说："请允许我10月6日早晨起飞，霍津同志不在列宁格勒，建议由费久宁斯基同志接替我的职务。"

"好，明天见。"斯大林说完挂断了电话。

费久宁斯基，1900年7月17日出生于吉列沃村（今属斯维尔德洛夫斯克州图古雷姆区），1930年加入苏联共产党，1919年参加红军。1920年，以列兵的身份随西方方面军作战。1924年，毕业于符拉迪沃斯托克步兵学校，毕业后任排长。1929年，中东铁路武装冲突时任连长。1931年，任营长。1936年，任副团长。1939年，晋升为团长，并在哈拉哈河战役中因指挥摩托化步兵团经验独特，作战勇敢，被授予"苏联英雄"称号。1940年2月任师长，11月任步兵军军长。

1941年8月，费久宁斯基任步兵军军长，9月先后任第三十二、第四十二集团军司令员，10 月 7 日，他接替朱可夫任列宁格勒方面军代理司令员，10 月 26 日改任第五十四集团军司令员。

1942 年 4 月，费久宁斯基任第五集团军司令员。10 月，任沃尔霍夫方面军副司令员。1943 年 5 月，任布良斯克方面军副司令员，7 月任第十一集团军司令员，12 月至战争结束任突击第二集团军司令员。

费久宁斯基在苏军西方方面军、列宁格勒方面军、沃尔霍夫方面军、布良斯克方面军、波罗的海沿岸第二方面军、白俄罗斯方面军和白俄罗斯第二方面军内，指挥所部参加了列宁格勒战役和对列宁格勒封锁的突破作战，季赫温防御和进攻战役，勒热夫—瑟乔夫卡战役，库尔斯克战役和布良斯克、戈梅利—列奇察、红谢洛—罗普沙、纳尔瓦、塔林、东普鲁士、东波美拉尼亚、柏林诸战役。他所指挥的部队屡立战功，受到最高统帅斯大林 25 次通令嘉奖。

1946—1947 年，费久宁斯基任阿尔汉格尔斯克军区司令员。1948—1951 年，在部队担任其他职务。1951—1954 年，先后任苏军驻德军队集群副总司令、第一副总司令。1954—1957 年，任外高加索军区司令员。1957—1965 年，任土耳其斯坦军区司令员。

费久宁斯基担任上述职务期间，善于运用其丰富的作战经验培训军事干部，提高部队的战备水平。1965 年 12 月起，任苏联国防部总监组军事顾问监察员，是苏联第五届、第六届最高苏维埃代表，蒙古人民共和国英雄。他曾获列宁勋章 4 枚，红旗勋章 5 枚，一级苏沃洛夫勋章 2 枚，一级库图佐夫勋章 2 枚，红星勋章和三级在苏联武装力量中为祖国服务勋章各 1 枚，及外国勋章、奖章多枚。

10 月 5 日夜间，苏军第五十四集团军防御地段上出现了特殊情况，朱可夫未能在 6 日早晨起程前往莫斯科。

10 月 6 日，希特勒不顾德军高级将领的反对，命令北方集团军群两周后到达季赫温地区。

当天，德军第三十九装甲军从丘多沃出发，经过季赫温及其以西地域，向沃尔霍夫河下游推进，目的是切断拉多加湖以南的苏军东撤之路，并在德军第一军支援下将苏军合围；最后，德军还要抵达洛杰伊诺耶波列地域，与芬兰军建立联系。

傍晚，斯大林再次亲自打电话给朱可夫，重申："让霍津将军或者费久宁斯基接替你的工作，请你马上乘飞机来莫斯科一趟。"

朱可夫打电话给第四十二集团军司令员费久宁斯基："费久宁斯基同志，你没忘记你是我的副手吧？"朱可夫问自己的老朋友，"你马上过来一趟！"费久宁斯基很快来到斯莫尔尼宫。朱可夫对费久宁斯基说："我要立刻到最高统帅部去，以后我的工作由你接替，指挥列宁格勒方面军。你对这里一切都很清楚，用不着再向你介绍什么情况。"

朱可夫同列宁格勒方面军的战友们告别后，乘机飞往莫斯科。保卫莫斯科的战役已在进行中，而朱可夫将在这次会战中发挥同样至关重要的作用。

第五章

一寸山河一寸血

德军"骷髅"师与苏军争夺着每一寸土地，双方越打越疯狂。许多党卫军士兵抡起步枪向苏军官兵砸去，阵地上爆发了激烈的肉搏战。其他方向的苏军立即用炮火覆盖住德军突围的集结地域。

◎ 誓死捍卫

　　1941年秋，苏军最高统帅部在列宁格勒地区集结了135个师、150多万人、3000辆坦克、2500架飞机。苏军对德军发动了代号为"午后天王星"的后续计划，目的是歼灭列宁格勒地区以北方向的3个德军集团军。

　　在此以前，苏军的"午后天王星"进攻行动中，苏军近卫第十九、第二十二、第十五、第十一和第九军从列宁格勒至哈克摩德斯尔一线已经对德军形成了侧翼包围。

　　10月11日，苏军与德军第二十八摩步师"兰德诺"战斗团展开激战。经过3天激战，苏军击退了该团，迫使德军后撤15公里。至此，苏军彻底封死了"杰米扬斯克口袋"。此时，德军在列宁格勒方向上的部队已经被苏军包围，被包围的德军有第二十五装甲集团军、第十四步兵师、第九集团军以及党卫军"骷髅"师。一时之间，德军难以逃脱包围圈，这就是著名的"杰米扬斯克口袋"。"杰米扬斯克口袋"内的德军共计25万多人。

杰米扬斯克是列宁格勒附近重要的工业枢纽，几乎所有通往列宁格勒的铁路、公路都要经过杰米扬斯克弧形地带。一旦苏军歼灭该口袋内的德军，德军的整个列宁格勒战线将会彻底崩溃。

德军"骷髅"师为打开突破口发起了一次次冲锋，仍未突破苏军包围圈。包围圈里的最高指挥官"骷髅"师师长艾克下令停止突围。接下来的几天里，双方在腊得夫爆发了20多次猛烈的争夺战。如果德军占领腊得夫，就极有可能突围出去。如果德军失去了腊得夫，苏军的歼灭战随即就会展开，而德军很快就会被歼灭。一旦德军的整个北线崩溃，整个苏德战场上的德军将被迫进行战略撤退。形势非常微妙，苏德双方都在做最后的努力。德国空军向该地区空投了大量空降部队，平均每天有20架运输机和10架护航战斗机被击落。

10月12日，希特勒将来自西欧和巴尔干半岛的3个步兵师和若干伞兵团，派往季赫温和沃尔霍夫方向作战。另外，德军北方集团军群总司令勒布又从奥拉宁包姆一带抽调部分兵力加强季赫温和沃尔霍夫方向。

10月中旬，在拉多加湖、伊耳缅湖一带，苏军列宁格勒方面军第五十四集团军、第四和第五十二集团军、西北方面军诺夫哥罗德集群，在利普卡、沃罗诺沃、基里希、沃尔霍夫河东岸一带近200公里的正面布防，其中70%的兵力集中在沃尔霍夫河下游。苏军准备发动锡尼亚维诺战役，突破德军对列宁格勒的包围圈。

10月12—21日，德军在巡洋舰"科隆号"和4艘鱼雷艇、7艘扫雷舰的支援下，攻下希乌马岛，1.5万名苏军投降。苏军只有570人撤出该岛，德军损失了3000多人。

10月16日，德军第三十九装甲军强渡沃尔霍夫河下游，直插苏军第四集团军和第五十二集团军之间的接合部。

10月20日，德军第三十九装甲军突破苏军防线，以主力进攻布多戈希、季赫温方向，其余部队分别向基里希方向和小维舍拉方向进攻。

10月20—24日，苏军第五十四集团军、第五十五集团军进攻锡尼亚维诺的德军第二十八步兵军。在激战中，波罗的海舰队向德军发射了2.4万发炮弹。然而，由于苏军各部队之间缺乏配合，最终以失败告终。

10月22—24日，德陆军部队在空军的支援下接连攻克大维舍拉、布多戈希和小维舍拉，兵锋直指季赫温。23日，德军第一军从北面进攻沃尔霍夫，以策应第三十九装甲军对季赫温的进攻。

为了阻挡德军的疯狂进攻，苏军最高统帅部暂停了10月20日发动的锡尼亚维诺战役，抽调部分兵力增援第四集团军。另外，苏军最高统帅部又紧急调集10个师又3个旅的兵力，通过陆路、水路和空中分别增援季赫温和沃尔霍夫。在锡尼亚维诺方向，苏军继续进攻德军。在沃尔霍夫河以东一带，苏军除了坦克和飞机处于劣势外，苏军步兵比德军多30%，火炮比德军多40%。另外，苏军对孤军深入的德军第三十九装甲军形成了包围态势。

10月27日，苏军最高统帅部任命霍津为列宁格勒方面军司令员。同一天，苏军在季赫温西南和小维舍拉以东一带顶住了德军的攻势。

霍津，1896年生于萨拉托夫的斯卡奇哈镇，曾就读于铁路技校。1915年应征入俄军服役。参加过第一次世界大战，任机枪队队长。1918年，他参加苏俄红军国内战争，先后任步兵营长、团长和旅长。

1925 年，霍津毕业于伏龙芝军事学院高级指挥人员进修班，后历任步兵师师长和步兵军军长。1930 年，毕业于列宁政治学院一长制指挥员党务和政治训练班。1937 年起，霍津历任列宁格勒军区陆军监、副司令和司令。1939 年 1 月，调任伏龙芝军事学院院长。

二战前，霍津一直在教书。苏德战争爆发后，随朱可夫历任预备队方面军后勤部长、副总参谋长兼参谋部列宁格勒方面军主任、列宁格勒方面军参谋长。10 月接替库里克元帅任独立第五十四集团军司令员。10 月 27 日，被朱可夫推荐担任列宁格勒方面军司令员。1942 年 3 月，他曾要求统一指挥列宁格勒方面军和沃尔霍夫方面军以打破德军对列宁格勒的封锁，获得允许。结果证明，他不具有领导这么大部队的指挥能力，使得第二突击集团陷入重围，最终被撤销方面军司令员职务。

1942 年 6 月 9 日，霍津改任西方方面军第三十三集团军司令员，12 月改任第二十集团军司令员，参加了"火星"行动。1943 年 1 月晋升上将，改任西方方面军副司令员，指挥方面军特别集群。1944 年 3 月，因伤调任伏尔加河沿岸军区司令员。战后，历任苏联军事师范学院院长和军事专利学院院长。1963 年退役。1979 年在莫斯科去世。获列宁勋章 2 枚。

11 月 1 日，苏军向布多戈希和格鲁济诺方向发动了反攻，但被德军击溃。

11 月 5 日，德军乘胜再次向季赫温方向发起攻击。

11 月 8 日，德军占领季赫温，列宁格勒的水上补给线被德军切断。此时，列宁格勒情况危急万分，最有效的解救办法是打通水上运输线，粉碎季赫温的德军攻势，恢复季赫温—沃尔霍夫的铁路线。

苏军自然不甘心坐以待毙，诺夫哥罗德集团军群、第五十二集团军、第四集团军、第五十四集团军于11月10日至12月3日先后发动了多次反攻，想通过多路反攻，恢复补给线。然而，由于指挥不力，苏军在反攻初期受挫，11月20日才夺回小维舍拉。

11月10日，德军"阿尔蒂诺"战斗群的部分兵力突入"杰米扬斯克口袋"内，该口袋被德军勉强打开了3天时间，德军趁机运出1.5万多名伤员，并得到了35辆虎式坦克和20门火炮的增援。

11月11日，苏军的一支船队在拉多加湖面上被冻住了。次日，芬军发动进攻，缴获41艘苏军小船，俘虏苏军1000人。此后，芬军部署在该湖的舰艇规模增加到3艘炮艇、1艘运输船、9艘拖网渔船、3艘客轮、18艘拖轮、12艘驳船、174艘摩托艇等。

11月14—28日，苏军向列宁格勒市空投了1200吨高热量食品。除了空中运输，列宁格勒依靠的主要是拉多加湖上的一条运输线，这也是唯一的一条运输线。其实，早在9月，为了支援列宁格勒方面军作战及物资调运，苏军就组织了拉多加湖水上运输队。

拉多加湖面积约1.8万平方公里，南北长213公里，湖面最宽约139公里。该湖有1000多个大小岛屿，大部分岛屿集中在拉多加湖北部。水上运输队面临的困难是：能在拉多加湖航行的船只数量很少，大部分船只被德军封锁在涅瓦河一带，该湖几乎没有码头，没有转运基地。最大的困难是从列宁格勒至拉多加湖西岸的伊林诺夫铁路支线难以适应大规模的物资运输。为了解决这些难题，苏军派人修筑了湖西岸的奥西诺维茨港，同时沃尔霍夫加紧制造大型驳船。然而，船只数量仍然很少，到11月15日结冰停航时只运来粮食、弹药和燃油共 6 万吨，其中粮食 4.5 万吨。水上运输的补给数量不足每天消耗的 1/3。

拉多加湖结冰期间，苏军在冰上开辟了军用汽车路。当时，靠水运来解决被围城市的补给问题是不可能的。为了挽救列宁格勒，苏军立即建立了冰上运输线。其实，建立冰上道路的准备工作早在 10 月就开始了，由列宁格勒方面军后勤部汽车道路处统一指挥。15—19 日，苏军列宁格勒方面军后勤部出动了 12 个勘察组，赴施利谢尔堡以南考察。17 日，苏军开始铺设冰上公路。22 日，冰上公路通车，第一批卡车有 60 辆。此时冰面还未冻结实，卡车不敢满载。为此，汽车后边挂有拖车式雪橇。23 日，苏军冰上运输车队到达后方。从此，大量物资运到列宁格勒。整个冰上道路有 6 条车道，24 小时行驶，密度最高曾达到 1 万辆卡车。

在列宁格勒被德军封锁的第一个冬季，这条"生命通道"给列宁格勒运来了 36 万多吨物资和 6 个步兵师、1 个坦克旅。冰上汽车运输线长约 30 公里，至 1942 年 4 月 24 日，冰上运输线才停止使用。这 36 万多吨物资包括粮食 27.1 万吨、燃油约 3.5 万吨、弹药 3.2 万吨、其他物资 2.2 万吨，有力地缓解了列宁格勒在作战和生活必需品方面的短缺状况。

这期间，列宁格勒储存了 2 个月的备用粮和 6—8 天的转移储备粮。苏军从 1942 年 2 月中旬以后，每日 3 餐可以保证热食供应。列宁格勒军民的初步胜利坚定了苏联人民抵抗德军的信心，鼓舞了他们的斗志。列宁格勒军民牵制了德军大量兵力和全部芬军，使希特勒"闪击战"计划中的战略任务无法实现，并影响了德军在其他战线的作战进程。

另外，在苏联共产党的领导下，列宁格勒军民一起在城市附近修筑防线，修建了几道环形地带组成的防御体系。在列宁格勒郊区和市区，他们挖了150公里长的防坦克壕，铺设了201公里的铁丝网，挖了7000多条步兵战壕和626公里交通壕。列宁格勒军民还修建了3000多个火力据点。该市居民还是补充兵力的主要来源。在1941年冬季，列宁格勒市为苏军提供了10万多名新兵。同时，列宁格勒党组织在市内组建了10个民兵师，其中7个改编为正规师。

◎ 突围

11 月 20 日，德军一个党卫军装甲师再一次突入"杰米扬斯克口袋"，他们给"口袋"内的部队送来了大量的食物弹药和坦克炮弹、冬衣，还有 30 辆的虎式坦克和部分备用零件。如此一来，被包围的德军又可以坚守 2 个月了。

12 月 3 日，苏军从汉科半岛经海路撤向列宁格勒，芬军进驻汉科半岛。从此，德芬两国军队彻底封锁了列宁格勒的出海口。

12 月 7 日，苏军在季赫温以西突破了德军防线，到达锡托姆利亚，威胁驻守季赫温的德军补给线。德军立即撤回到沃尔霍夫河西岸。

12 月 9 日，苏军进驻季赫温。

12 月 16 日，苏军围歼了大维舍拉的德军，进而沿沃尔霍夫河一线推进。次日，到达奥洛姆纳东西两侧，包围了沃尔霍夫的德军。德军逃过姆加—基里希铁路线。

12 月 17 日，苏军最高统帅部在列宁格勒方面军左翼部队和统帅部调来的预备队的基础上，组建了沃尔霍夫方面军，其目的是对沃尔霍夫河以东的作战部队进行更有效的指挥。沃尔霍夫方面军辖第四集团军、第五十二集团军、第五十九集团军，突击第二集团军及航空兵兵团。

苏军最高统帅部大本营在给沃尔霍夫方面军的训令中指出："由第四、第五十九、第二突击队与第五十二集团军组成的沃尔霍夫方面军，将发动一波总攻势，以突破敌军沿沃尔霍夫河西岸的防线，各集团军主力在结束前进抵柳班和丘多沃车站前线……当向西北方攻击时，包围在列宁格勒周围防守的敌人，并与列宁格勒方面军合作将其歼灭，如果敌人不愿被俘并进行抵抗就坚决消灭他们……"

苏军最高统帅部大本营在给列宁格勒方面军的训令中指出："协助沃尔霍夫方面军消灭在列宁格勒周围防守的敌军，并以第四十二、第五十五、第八、第五十四集团军和海岸作战群进行主动作战，以消除德军对列宁格勒的封锁。"此外，苏联大本营还命令西北方面军发动一次大的攻势，攻占杰米扬斯克、诺夫哥罗德。这两波攻势会在沃尔霍夫方面军进抵沃尔霍夫河后旋即展开。

列宁格勒不但要遭受持续不断的炮击，还面临饥馑困境，形势非常严峻，加上斯大林渴望维持主动权，这些都促使他要求沃尔霍夫方面军司令员梅列茨科夫以所部兵力发动攻势。

12 月 25 日圣诞节这一天，德军北方集团军群总司令勒布向所部发表了一份激动人心的公告，摘要如下：

沃尔霍夫及其以东的每场会战，就像之前撤退到沃尔霍夫后方一个安全的冬季阵地一样，你们在完成此次任务中，再一次符合防御力量和体能弹性的最高要求。敌军虽然到达了沃尔霍夫，但扑了个空。

北方集团军群自6月22日至12月20日仅半年时间就俘虏了438950名战俘，缴获、击毁3847辆战车和4590门火炮。

在此，我们恭敬地向那些牺牲的英勇战士致以崇高的敬礼，祖国对我们保卫她表达由衷的感谢，并将在今后继续依靠我们。我们将以实际行动证明这份信任是睿智的抉择。新的一年里，我们将再接再厉，击退敌军突破的一切努力，直到元首再一次下达继续进攻的命令。

公告用激励人心的话语掩盖了德军未能完成希特勒交付给他们的任务的残酷现实。其后在不到两周的时间里，当苏军凭着已经恢复的决心沿着沃尔霍夫河突击德军的防线时，疲惫的德北方集团军群将回应他们总司令无畏的召唤。

勒布的这份圣诞节公告成为他最后的诗篇。

12月底，苏军沃尔霍夫方面军夺取了沃尔霍夫河左岸的若干登陆场。随着苏军在莫斯科方向和其他方向的胜利反攻，列宁格勒的紧张局势大大缓和，但包围和反包围战斗仍在继续。

1942年1月，被包围在杰米扬斯克的德军发起第3次突围。这次他们选择了3个突破口。由于天气恶劣，突围行动暴露了。德军的突围没有成功，但歼灭了苏军近卫第二〇〇坦克旅和第十五坦克团。突围期间，11名党卫军俘虏被苏军枪决。为了报复，德军当着苏军的面烧死了2名苏军俘虏。

"杰米扬斯克口袋"包围圈内的德军一昼夜所需的粮食、弹药、燃油至少200吨,有随时覆灭的危险。北方集团军群总司令勒布一面命令包围圈内的德军挡住苏军的围攻,一面想尽一切办法进行补给。苏德双方在杰米扬斯克展开了多次残酷的激战。与此同时,勒布还电令德军从旧鲁萨西南一带发起进攻,企图拯救被包围在杰米扬斯克的2个集团军。

　　杰米扬斯克的德军抵抗着20倍优势的苏军。即便如此,德军仍然没有放弃突围的希望,他们十分信任总司令勒布,幻想有一天能突围出去。勒布为解救包围圈里的德军,在部队被层层包围的情况下,违背了希特勒"一步不许后退"的指示,同意受到严重威胁的德军第十六集团军一部撤退。希特勒对此十分生气。

　　勒布一再向希特勒提出辞呈,他认为如果不是希特勒的瞎指挥,德军不会陷入苏军的包围。另外,勒布对希特勒屠杀犹太人的政策十分反感,而党卫军在占领区的暴行令他感到恐惧。希特勒曾发布过消灭苏军政委的命令,该命令的主要内容是枪决所有苏军政工俘虏。勒布认为苏军政委不算军人,这些人可以获得非战斗人员的待遇。因此,勒布很是反感希特勒的这项命令,他认为如果德军执行这项命令,有损德国军人的荣誉,而这项命令还会导致苏军在政委们的鼓动下拼命抵抗。勒布非但不执行将苏军政委俘虏就地枪决的命令,还要求希特勒撤销该项命令。

　　杰米扬斯克包围圈越来越小,苏军消灭了德军第二十七坦克歼击营、第一〇六步兵团以及第十一步兵师的主力。德军尽管顶住了苏军的一次次攻势,但仍然面临被歼灭的危险。

　　"杰米扬斯克口袋"内的德军计划发动更大规模的突击行动。与此同时,

"口袋"外的德军援军——党卫军第二装甲军，计划发动代号为"德诺兰德斯女神"的救援行动。苏军的谍报工作非常出色，他们很快捕捉到党卫军第二装甲军的行踪。良机稍纵即逝，苏军抓住机会对该装甲军发动了一次阻击战，可惜未能挡住其攻势。

1月2日，苏军波罗的海舰队派海军陆战队偷袭并收复了戈格兰岛与大丘捷尔斯岛。这两个岛是芬兰湾西部的重要岛屿，德芬两国军队立即组织兵力争夺。

1月中旬，党卫军第二装甲军的"霍亨施道芬"装甲师和刚从哈尔科夫调来的党卫军"帝国"师以及奥斯滕多夫战斗群向杰米扬斯克包围圈内正面的苏军第五十五军和第二十八师继续推进，以拯救包围圈内的18万德军和3万多名重伤员。

包围圈内外的德军仍保持着密切联系。党卫军"骷髅"师师长艾克向包围圈外的党卫军第二装甲军军长保罗豪·赛尔发去电报："我们期待着你们的增援，请不要让我们失望。"保罗·豪赛尔回电："同样，我们也正在等着你们顺利突围，也不要让我们失望。"

◎ 寸土必争

1月13日，北方集团军群总司令勒布被希特勒免职，其理由是未经批准命令陷入杰米扬斯克包围圈的第十六集团军一部后撤。屈希勒尔上将因希特勒的赏识被任命为北方集团军群总司令。

屈希勒尔上任后，首先考虑的是如何解救被围困在杰米扬斯克的德军。为此，他指挥北方集团军群在杰米扬斯克方向打了几个星期。直到4月20日，北方集团军群才突破杰米扬斯克的苏军防线，使被围德军终于与北方集团军群主力取得了联系。

与此同时，令屈希勒尔烦恼的是霍尔姆的5000多名德军（属第十六集团军）于1月21日被苏军围困。在他的严令下，德军总算顶住了苏军的攻势，不过伤亡惨重，只能靠空军空投补给。屈希勒尔只能通过电报指示被围在霍尔姆的德军指挥官西奥多·舍尔一定要挡住苏军的围攻，执行希特勒"一步不许后退"的命令。霍尔姆的德军死守阵地100多天，与10倍于己的苏军展开激战。

屈希勒尔上任后，之所以能用较少的兵力守住漫长的北方战线，主要是因为他完全采用了前任勒布元帅的防守战略。另外，他与各军、各师甚至各团的指挥官关系都很好，加上他善于分析苏军指挥官的作战风格，这些都使他在惨烈的防御战中取得了比勒布好的战绩。

屈希勒尔

屈希勒尔，1881年出生于德国格麦尔斯海姆的菲利浦堡，1900年应征入伍，次年升任少尉，1907年至1909年在汉诺威的骑兵学校服役。1910年，被选送到军事学院深造。1913年毕业后到参谋本部的测量局服役。

一战时，屈希勒尔担任炮兵连长，因战功晋升上尉。后来，他当过第二〇六步兵师的首席参谋官。一战结束时，屈希勒尔已经成为预备第八师作战科科长。战后，屈希勒尔在驻柯尼斯堡的第一军担任第五炮兵团连长。后来在慕尼黑的步兵学校任战术教官，之后又在炮兵学校任中校教官。在此期间，屈希勒尔掌握了丰富的军事知识和军事经验。1932年，升任东普鲁士第一军区炮兵司令官。

1935—1937年，屈希勒尔任军官学校少将督察员，其间还出任国家军事法庭副庭长。1937年，屈希勒尔任第一军军长兼东普鲁士第一军区司令。屈希勒尔在任内精心训练部队，并重视要塞的构筑工作。

二战爆发时，屈希勒尔任第三集团军司令，隶属北方集团军群。1939年9月1日，德军入侵波兰，第三集团军从东普鲁士发起的进攻十分顺利。9月3日，第三集团军突破波兰军队阵地。9月5日，第三集团军经过激战攻克格鲁琼兹要塞。9月7日前，第三集团军在普乌图斯克两侧抵达纳雷夫河和布格河。波军与第三集团军的交战十分激烈，尤其是波军的夜袭十分成功，多次给第三集团军以沉重打击。尽管如此，由于波军武器落后，仍无法阻止第三集团军的攻势。9月11日，屈希勒尔指挥第三集团军从东面深远迂回，经谢德尔采进攻华沙。9月14日突破了波军布列斯特堡垒线，于17日进抵弗沃达瓦，在这里与德军第十集团军会师。华沙被德军合围了，9月27日，华沙宣布投降。10月1日，屈希勒尔荣获骑士铁十字勋章。此时，希特勒的法西斯政府在波兰滥杀无辜，屈希勒尔表示抗议，结果被免职。

1940年，屈希勒尔被希特勒重新起用，出任第十八集团军司令。第十八集团军隶属于博克的B集团军群北翼部队。5月10日5时30分，第十八集团军闪击荷兰，横扫荷兰东北部，抵达艾瑟尔运河东岸。其先头部队抢占了奈梅亨及其以南地域的桥梁。第十八集团军突破了艾瑟尔阵地和佩尔防线，荷军撤到瓦尔河对岸。

第十八集团军在格雷伯筑垒线，打得非常艰苦。荷军击退了德军的一轮攻势。屈希勒尔投入了大量的坦克。5月12日，第十八集团军突破了荷军几处防线，次日德军装甲部队占领了该防线。

与此同时，屈希勒尔派第二十二师机降到鹿特丹和莱顿之间，将伞兵空降至鹿特丹和多尔德雷赫特地域，发动了夺取"荷兰要塞"的战役。德军第二十二师一着陆，就与要塞的荷兰守军开战，驻守格雷伯防线的荷军也赶来参战，使德军伤亡较大。

然而，德军伞兵的进攻十分顺利，多次击退荷军的反攻。德军伞兵还向多尔德雷赫特以南一带推进，并在穆尔代克大桥附近与第二十二师会师，占领了这座重要的桥梁。后来，德军多次击退企图炸毁该桥的荷军，直到德军第九装甲师赶来。5月13日，"荷兰要塞"被屈希勒尔指挥的部队占领。第十八集团军开战仅5天的时间，就征服了荷兰，占领了鹿特丹。5月14日，屈希勒尔接受了荷军的投降。

1940年5月18日，第十八集团军占领比利时的安特卫普。5月27日，比利时向德国投降。6月4日，第十八集团军占领了敦刻尔克。6月11日，第十八集团军奉命向巴黎方向运动。屈希勒尔指挥第十八集团军跨过塞纳河后，于6月14日晨趾高气扬地进驻巴黎。当他率领部队进入凯旋门时，感到那是他一辈子最值得炫耀的一天。随后，第十八集团军渡过卢瓦尔河，直扑大西洋海岸。6月25日，法国投降。7月，屈希勒尔晋升上将，率领第十八集团军移防东普鲁士。

德军入侵苏联后，屈希勒尔率领第十八集团军开进苏联，隶属于北方集团军群。

　　如今，作为北方集团军群总司令的屈希勒尔必须扼守沃尔霍夫防线，因为该防线保障着进攻列宁格勒的德军侧翼。当时，德军还没有清除突入沃尔霍夫河西岸的苏军部队，双方仍在激战。同时，苏军仍然在进攻杰米扬斯克—热勒夫的德军，并且一直没给突围德军以喘息的机会。那里的德军勉强保持着与北方集团军群主力的联系，这种联系在苏军的战略合围下十分不稳定，德军随时有被重新围困的危险。屈希勒尔组织了多次成功的战斗才使杰米扬斯克—热勒夫的德军处境有所改善。

　　1月下旬，苏军加紧了对杰米扬斯克包围圈内德军的攻势，战斗越来越惨烈。苏军的坦克损失相当惨重，包围圈内德军的反坦克炮如同疯了一样，异常凶狠。双方的激战很快演变成与时间赛跑的一场战斗，因为寒冬快结束了，德军许多装备开始解冻。包围圈外的苏军显得有些紧张，而包围圈内的德军有些欣喜若狂，他们终于要熬过寒冬了。

　　此时，包围圈内的德军最高指挥官"骷髅"师师长艾克策划了"鲁德1号计划"。该计划有很大的风险：苏军在杰米扬斯克方向上并没有太大的漏洞，在布良斯克—纳维耶夫方向的苏军兵力看起来薄弱，事实并非如此。德军从那里突围后，与前来救援的党卫军第二装甲军有明显的脱节现象，苏军有足够的时间阻截从那里突围的德军。

　　德军将领经过一番讨论后，决定执行"A方案"：由党卫军"帝国"师、"维京"师、"北欧"师组成战役突击队，与"骷髅"师里应外合，从腊得夫撕开一个缺口。德军从这个缺口突围时，"骷髅"师担任后卫。德军所有部队最后撤到杰米扬斯克以西 50 公里处，在那里阻击前来追击的苏军。"A 方案"成功的前提是要求包围圈内的德军把握好突围时机，必须集中兵力夺取腊得夫的苏军阵地。

1 月 28 日，杰米扬斯克包围圈内的德军开始突围。他们首次选择了白天突围，由装甲部队作先导，浩浩荡荡地向腊得夫方向冲去。德军投入了全部 116 门火炮和反坦克炮，腊得夫的苏军阵地几乎被炮火翻了一遍。苏军一下子被打得缓不过气来，德军"骷髅"师艾克战斗群像疯子一样快速突破了苏军防线。此时，德军新装备的新式突击步枪在突围时发挥了很大的作用，在 300 米远的距离上压制住了苏军的步枪火力。

德军"骷髅"师与苏军争夺着每一寸土地，双方越打越疯狂。许多党卫军士兵抢起步枪向苏军官兵砸去，阵地上爆发了激烈的肉搏战。"骷髅"师突破苏军第一道防线后，紧随其后的德军如潮水般涌了出去。其他方向的苏军立即用炮火覆盖住德军突围的集结地域。

苏军为阻止德军突围，在近 500 辆坦克的支援下，迅速向德军发动了大规模反突击。德军坦克和火炮拼命反击。德军想向西面逃窜，苏军则死死挡住了逃窜的德军。

至此，包围圈内的德军已经被困了整整 5 个月，他们在几个小时内如果无法顶住苏军的反突击，"杰米扬斯克口袋"就有被重新封上的危险。"骷髅"师的艾克战斗群在腊得夫以南 4 公里处与苏军的一支装甲营展开了死战。艾克战斗群的士兵用燃烧瓶、火箭筒疯狂地攻击着苏军坦克的发动机和炮塔，还有很多"骷髅"师官兵拿着冲锋枪，拼命向苏军射击。苏军士兵成片成片倒下，但更多的苏军士兵又冲上来。空气中充满了血腥味，德军官兵躲在被击毁的苏军坦克后面负隅顽抗，苏军士兵使用大量火焰喷射器夺回了一些据点。

在一个德军的机枪阵地，战斗进行得异常惨烈，很多身体在燃烧的德军士兵仍然用机枪射击，直到他们被烧死为止。没等苏军夺得阵地，一队队德军士兵就冲上了阵地，架好机枪继续向苏军扫射。激战中，"髑髅"师的一个突击中队向苏军侧翼发动了偷袭。许多苏军士兵是不久前招收的新兵，从未经历过如此惨烈的战斗。

战斗的残酷程度完全超出了苏军官兵的设想，德军不顾一切地进行突围。"髑髅"师的一个小分队仅剩下14个人，他们丢下一切不必要的装备，尽可能多带备用弹夹和手榴弹，准备向前方几百米处的苏军阵地进攻。这个德军小分队在强大的苏军面前显得十分弱小，因为苏军在那里仅坦克就有17辆。而这个德军小分手中的重武器只剩下2个火箭筒（带弹12发）、4颗反坦克地雷、1颗反步兵地雷和2挺机枪（不足1000发子弹）。14名德军士兵中有一名狙击手（仅剩40发子弹）。他们决定先把苏军坦克引出来再发动进攻。

这个德军小分队预先按照3-3阵形埋好反坦克地雷，把剩下的一颗反步兵雷埋在反坦克地雷的后边。携带火箭筒的德军士兵和狙击手为一组，其余的德军士兵有4个人去吸引苏军坦克。这4名德军士兵开枪打死了几百米外的几名苏军士兵，立刻把那个阵地的苏军坦克引了过来。2辆苏军坦克被地雷炸毁了，同时另外2名德军士兵用机枪开始进行扫射，苏军步兵被机枪成片击中。2辆被摧毁的苏军坦克挡住了后边的坦克，德军的反坦克火箭筒手乘机击毁了1辆苏军坦克。狙击手转移后又击毁了1辆。当他瞄准第3辆时，终于被苏军成功击毙。附近的1名德军士兵接替了他。一瞬间，8辆苏军坦克接连被摧毁。德军"髑髅"师几乎是以必死的冲锋支撑着突破口。

2月1日，陷入苏军包围圈的几乎所有德军逃出了包围圈，留在包围圈的只剩下充当后卫的"骷髅"师。此时，"骷髅"师几乎被打成了团级建制，减员4000人以上，其他几个党卫军师同样伤亡过半。前来救援的"霍亨施道芬"师的"兰德"战斗团被歼灭，"帝国"师在前来救援的部队中伤亡最重，而突围的"维京"师和"北欧"师也各有上千人死亡。

此时，德军虽然暂时脱离了被歼灭的危险，但杰米扬斯克战役远未结束，突围的德军只是逃出了紧缩的小包围圈，仍处于苏军战略合围的态势之中。希特勒不仅不让杰米扬斯克突围的德军进行战略突围，反而命令他们停在50公里外，不准后撤一步，并做好向莫斯科方向进攻的准备。

◎ "骷髅"师

2月3日，德军党卫军第二装甲军进攻到杰米扬斯克包围圈正面苏军防线仅40公里处。苏军连忙调来4个装甲师阻拦德军的救援行动。苏军甚至出动了近卫军督战，严令4个装甲师顶住德军的攻势。

德军在靠近腊得夫方向突围成功后，与前来接应的保罗·豪赛尔的党卫军第二装甲军会合，约有17万德军突围。此前，德军在包围中死亡11.3万多人，被俘虏和失踪5000多人。

德军在突围中，损失了三分之二的装甲装备，超过115辆坦克被摧毁。德国空军在此次德军突围期间，以每天超过1500架次的飞机为德军送给养和弹药，平均每天损失35架运输机和战斗机。

苏军同样损失惨重，超过450辆坦克被德军摧毁，损失了80架飞机。苏军2个步兵师被歼灭，若干个坦克团和坦克旅遭到重创。在此次反突围作战中，苏军各部队战死15万人。

苏联最高统帅斯大林听说德军突围后愤怒不已，狠狠地训斥了北方方面军的指挥官。随后，苏军最高统帅部下达代号为"红色惩罚"的作战计划：以北方方面军为主力，白俄罗斯第三方面军配合，共同合围杰米扬斯克以西的德军党卫军第二装甲军的支援部队；包围圈附近的苏军继续合围刚刚突围的德军。

2月11日，德第二装甲集团军司令古德里安赶到拉斯登堡的"狼穴"大本营晋见希特勒，极力劝说，但希特勒的命令仍然是德军突围部队不准后撤。不过，希特勒的口气有所松动，勉强同意在防线后50—80公里范围内稳住。

此时，莫斯科会战已经接近尾声，在苏军强有力的反击下，德军中央集团军群主力集中在哈尔科夫、叶尔尼亚突出部一带，无力向莫斯科推进；南方集团军群的主力集中在北高加索的产油区和明斯克一带与苏军展开激战，无法向莫斯科调动。这使得希特勒十分恼火，古德里安劝道："我军在杰米扬斯克—列宁格勒的局势十分被动，刚刚突围的部队已无力再向莫斯科方向前进了，而且有被重新合围的危险。"

古德里安的话，终于让希特勒冷静下来，他命令尽最大可能救援杰米扬斯克附近的德军，暂时放弃对莫斯科发动攻势。

德军统帅部在杰米扬斯克战线上制定了代号为"黎明攻势"的突围计划，由党卫军第二装甲军和处于包围态势的德军第十一装甲师和"骷髅"师执行该计划。为保证突围计划的成功，德军得到了极大的补充，空军给他们运来全新的坦克引擎。"骷髅"师的部分部队装备了85辆新型坦克、约110辆3型坦克，空军提供了300架作战飞机。师长艾克将"骷髅"师分成几个战斗群，其中包括装备最先进的虎式坦克的帕伊兰战斗群、拥有该师最精锐的反坦克歼击营的艾克战斗群。

2 月 15 日凌晨，德军第十一装甲师和"骷髅"师开始发动进攻，向那夫维耶地域突破，与前来增援的第四十八装甲军会合。德军扔掉水壶、饭盒和医疗包等，仅携带武器和弹药开始了战略突围。

德国党卫军"骷髅"师在战斗中

德军先遣队在夜色的掩护下悄悄杀死苏军岗哨，偷偷来到苏军的阵地。此时，苏军正在坦克旁睡觉。很快，几名苏军惊醒了。德军立即架起机枪扫射，大量苏军士兵在睡梦被击杀。德军士兵端着冲锋枪冲进阵地，双方展开了混战。

苏军士兵开动坦克，在阵地上横冲直撞。德国党卫军士兵身捆炸药，抱住苏军士兵同归于尽，甚至冲到坦克的履带下充当人肉炸弹。苏军飞机分不清敌我，为阻挡德军突围，飞机对被突破阵地一律进行了轰炸和扫射。杀红了眼的德国人最后占了上风，苏军防线开始溃退。

德军士兵身边到处挤满了苏军俘虏，没有人为了苏军俘虏而分神，因为苏军的俘虏太多了，他们只关心自己是否能活下去。一名德军党卫军少校在战后的日记中写下了那个疯狂的夜晚："那天夜里，我所在的团只剩下4个军官。我爬上一辆被击毁的苏军坦克，用冲锋枪扫射。我杀死了很多人，死亡时刻笼罩着我，但我没有死。直到战斗结束，我才发现自己的大腿竟然不见了，身上变成了黑色，这不是军服的颜色，而是黑色的血液。此时的'骷髅'师官兵真的变成了骷髅：有些士兵被炸断了手腕还在战斗，有些士兵打光了子弹用牙咬，咬到后来，满嘴的牙没剩下几颗，甚至有些士兵在战斗时疯了，不管是谁，胡乱进行扫射。罗马尼亚和匈牙利的部队也伤亡惨重，其中有个匈牙利的坦克师彻底消失了。"

德军在这次突围中损失了40多辆坦克，但他们摧毁了160辆苏军坦克。德军再一次逃出了苏军的包围圈。事后，希特勒命令参谋部制作"杰米扬斯克纪念臂章"，幸存的"骷髅"师官兵均获得了该臂章。经此一战，德国党卫军"骷髅"师"疯"名远扬，成为二战时期苏军最不愿面对的德军部队之一。

3月27日，德、芬两国军队夺回波罗的海沿岸的戈格兰岛。此时的苏军波罗的海舰队正忙于列宁格勒的海上防务，其航空兵、舰艇炮兵和海岸炮兵以及海军陆战队参加了列宁格勒的各次防御战和进攻战，有力地掩护了芬兰湾和拉多加湖的运输线。

4月3日，德芬联军1500多人进攻大丘捷尔斯岛，岛上的苏军只有100人。4天后，德芬联军夺回大丘捷尔斯岛。

4月4日，德军为消灭停泊在列宁格勒的波罗的海舰队，第一航空军出动飞机595架次，发动了"冰上突击"战役。空袭中，苏军"十月革命号"战列舰与3艘巡洋舰受伤。苏军击落德机53架。德军在"冰上突击"战役中无法把苏军舰艇消灭，只得改为封锁，把苏军舰艇特别是苏军潜艇封锁在芬兰湾东部。

4月5日，希特勒签发了第41号元首密令，确定了即将展开的攻势："首先，一定要集中现有部队，在战线的南段进行主要作战，以摧毁顿河以西的敌军部队，接着攻占高加索产油区域和翻越高加索山脉的通道。"

密令中阐述了北方集团军群夏季作战的背景与基本理由："我们将克制对列宁格勒的最后包围以及攻占英格曼兰之行动，直到被包围地区的情势允许或可获得其他有效兵力的时候为止。"

德军北方集团军群最初的任务是扫荡苏军在沃尔霍夫河西岸的桥头堡，以改善列宁格勒周围的形势。接下来，德军将于对苏联南部的攻势成功展开后，计划陆军总部支援北方集团军群，使其有足够能力发动夏季攻势，一举拿下列宁格勒，在卡累利阿地峡与芬兰陆军会师，并依照北方集团军群早在前一个冬天就已开始着手之"北极光"作战夺取奥拉宁包姆。在攻占列宁格勒并与芬军接触后，北方集团军群的第十八集团军将切断莫斯科和摩尔曼斯克的铁路交通；同时，第十六集团军将从杰米扬斯克出发向东南方推进，与从勒热夫出发向北挺进的中央集团军群第九集团军一前一后行动，此双重突击将包围并消灭在奥斯塔什科夫、霍尔姆以及托罗佩兹占据大块突出部，威胁到斯摩棱斯克和中央集团军群后方地区的苏军部队。

◎ 为守城，无所不能

4月23日，苏军最高统帅部将沃尔霍夫方面军改编为沃尔霍夫战役集群，隶属于列宁格勒方面军。

5月初，德国海军在纳尔根岛—波卡拉半岛附近海域布设水雷。在东边，德军布设了苏尔萨里岛水雷阵，同时组建了由水面舰艇、飞机和潜艇组成的搜索群。当时，波罗的海舰队拥有50多艘潜艇，大部分部署在列宁格勒。该舰队决定在芬兰湾西部、波的尼亚湾和波罗的海攻击德军的舰船。

由于苏军潜艇进入作战海区很困难，为此，苏军波罗的海舰队把进入波罗的海的航线分成3段：列宁格勒—喀琅施塔得段，该处的主要威胁是水雷，因此苏军潜艇采用水面航行通过；喀琅施塔得—莫什内岛段，苏军潜艇在护航舰的护卫下，一边扫雷一边在水面航行；通过莫什内岛后，将进入德军反潜兵力积极活动海域，各潜艇独自通过。与此同时，德、芬两军在芬兰湾东部布设了10726枚水雷，水雷间隔为22—150米，使苏军潜艇通过水雷阵触雷率达到 0.25%~0.6%。

为了打破德军的水雷封锁，苏军决定在德军封锁线上打开一个缺口，最后选定了索麦尔斯岛。该岛是最靠近列宁格勒的芬军前进基地之一，同时也是德芬联军监视苏军舰艇在东戈格兰海域活动的观察哨。

5月19日，苏军列宁格勒方面军司令员霍津向最高统帅部大本营提议由列宁格勒方面军攻击并消灭位于姆加—锡尼亚维诺突出部的德军部队，以解除德军对列宁格勒的封锁。苏联最高统帅部大本营批准了霍津的计划，并派出大批援军，用以发动攻势。

当霍津在列宁格勒计划其新攻势时，他也在计划解救被包围在附近的第二突击集团军。然而，在他如此做之前，同意大本营的要求，派出梅列茨科夫打算用来救援第二突击集团军的近卫第六步兵军前往支援西北方面军在杰米扬斯克的作战。

此时，被德军围困的苏军第二突击集团军战力减少了70%，且缺乏战车、炮兵、弹药与粮食。不过，大本营于5月20日还是批准了霍津让第二突击集团军突围的计划。在随后几天中，苏军第二突击军多次尝试突围，但德军第十八集团军增援在其周围布置封锁线之部队，并挫败了苏军所有的突围企图。苏军第二突击集团军和来自包围圈外的救援部队多次尝试突破，但都在惨烈的战斗中失败了。

5月24日，德军北方集团军群总司令屈希勒尔下令第十八集团军发动一次攻势，以完全包围苏军第二突击集团军。在一次因为大雨所造成的推迟后，第十八集团军的第三十八、第一军于5月30日对苏军第二突击集团军展开猛烈攻势。虽然蒙受惨重损失，德军第三十八军在入夜后仍持续突击，在5

月 31 日凌晨 1 时 30 分与第一军的部队会师，并切断至关重要的艾瑞卡线。德军第三十八和第一军建立了一条面向东边的连续战线，并在当天稍晚也建立了面向西边的战线。苏军第二突击集团军在发现完全被困在包围圈后，其残余部队不顾一切地于 6 月 4 日向东攻击以试图逃出包围圈，但被德军全歼。

　　5 月 30 日，苏共中央、苏联国防委员会成立了游击活动中央参谋部，将所有的游击队组织和各支队集中由国家控制。游击活动中央参谋部建立了一套复杂的指挥体系，从莫斯科经由各方面军扩展至德军后方的各支队总部，并派遣红军与内政人民委员会部队的军官创建新的游击部队，控制全部游击作战。

　　与此同时，苏军列宁格勒方面军建立了列宁格勒游击活动总部，其任务是负责这个地区所有的游击战集中计划与控管事宜。列宁格勒方面军创建了新的游击部队以及牵制小组，命令这些部队破坏并摧毁德军军营、设施和交通，并攻击德军总部、补给站、机场和通信中心，以及制定优先情报的搜集规定，以支援红军的地面战斗行动。

　　列宁格勒州游击队的力量和活动能量在 1942 年夏季大增。在这一年中，游击旅的数量与在德军后方地区作战之游击队的力量，从 2 个游击旅、30 支薄弱的支队共 2000 名战士，增长到 4 个旅及许多独立支队，人员超过 3000 人。

　　6 月 8 日苏联最高统帅部大本营重建沃尔霍夫方面军，梅列茨科夫任司令员，他命令救援第二突击集团军，派总参谋部的华西列夫斯基将军协助其工作。沃尔霍夫方面军除原来的各集团军外，还增加了第八和第五十四集团军。后来，方面军又增加了空军第十四集团军。梅列茨科夫在 6 月中数次企图解救第二突击集团军，均以失败告终。

6月9日，苏联最高统帅部大本营将霍津调至西方方面军指挥第三十三集团军，同时任命戈沃罗夫为列宁格勒方面军司令员。

6月30日，德军北方集团军群总司令屈希勒尔在统帅部大本营向希特勒汇报前线形势，他详细说明了北方集团军群除了"北极光"作战之外，有能力采取的攻势选项，这些作战包括2个在列宁格勒区域的作战：第一个作战代号为"沼火"，将会攻占基里希以西仍由苏军第五十四集团军把守的波戈斯特突出部，或是全面消灭沃尔霍夫河以西的所有苏军部队；第二个作战代号为"丐杖"，歼灭奥拉宁包姆以南的苏军。希特勒高度赞扬了屈希勒尔的指挥才能，并晋升他为元帅。

同一天，在列宁格勒以南地区，苏军列宁格勒方面军所属部队从西方、沃尔霍夫方面军从东方分别向德军发动了强大进攻。苏军收复了施利谢尔堡，并建立了与列宁格勒的陆上联系。在伊耳缅湖东南的杰米扬斯克，苏军也发动了强大的进攻。苏军的攻势越来越猛，德军艰难地抵抗着苏军。

然而，屈希勒尔并不惊慌，他指挥被围在杰米扬斯克的德军各师坚守阵地，并命令外围德军加强对苏军发动攻击，以减轻合围圈内的德军压力，同时出动航空兵给予支援。在他的指挥下，守在杰米扬斯克—热勒夫的德军抵挡住了苏军的一次次攻势。

另外，在沃尔霍夫以西地区，屈希勒尔指挥德军进攻对面的苏军。经过持久的夏季战斗，德军对列宁格勒的苏军形成的合围圈缩小，对苏军造成了较大打击。苏军弗拉索夫将军被俘，他用苏联战俘组建了庞大的"弗拉索夫军队"。

7月1日，德军北方集团军群总司令屈希勒尔回到他的总部后，在向希特勒汇报的那些作战中又添加一些细节事项，并命令他的参谋们优先进行"沼火"作战的准备工作，再进行"丐杖"作战的工作。同时，德国陆军总部下令其名为"朵拉""嘉玛"和"凯尔"的攻城炮兵营于7月2—23日从塞瓦斯托波耳出发，在列宁格勒整编完毕，以协助摧毁克伦斯塔特要塞。

7月8日，苏军登陆部队向索麦尔斯岛发动了进攻，被芬军击退。为了防止苏军再次进攻该岛，芬军在该岛的东面和南面布设了水雷阵。苏军登陆失败。苏军这次行动失败的原因主要是计划与组织漏洞太大：波罗的海舰队大型舰只无法对付岸防火力。海战不同于陆战，苏联海军无法像陆军那样发动人海战术。苏军的登陆舰队无法胜任太多任务，尽管他们英勇作战，但素质较差，无法改变由于组织漏洞以及指挥失利所造成的不利局面。

7月23日，希特勒在第45号元首密令中公布了经他修订的德军在夏末将要执行的攻势作战指导。希特勒在密令中指出："在中央和北方集团军群战区内正在准备的各个局部行动，应尽快地连续地予以实施。必须通过最大限度地造成敌指挥机构和部队的瓦解和溃散来实现。北方集团军群应准备在9月初以前拿下列宁格勒，其代号为'猛烈射击'。为此，除要装备重型和超重型火炮以及配属必要的其他陆军部队以外，还要将第十一集团军的6个师调给它指挥。"

为达成此目标，希特勒将曼施坦因的第十一集团军总部连同5个步兵师从克里米亚向北调动，以支援第十八集团军，而重炮兵已派往此区域。一星期后，德国陆军总部将"猛烈射击"重新命名为"北极光"作战。希特勒以"简短命令"指示北方集团军群总司令屈希勒尔在开始"北极光"作战前进行"沼火"及"丐杖"作战，并要在9月上旬完成所有作战任务。以北方集团军群的能力明显无法进行所有这些作战，屈希勒尔说服希特勒和德国陆军总部延后"丐杖"作战，直到"北极光"作战成功完成之后。

希特勒

　　1942 年夏秋，经过一年多的战争，尤其是德军在列宁格勒、莫斯科先后损兵折将后，全线进攻的势头已经明显减弱，无力在 3 个战略方向上同时实施大规模进攻，但这并不影响德军有选择地在某一战略方向上发动突击。早在春季，德军统帅部就集中兵力在苏联南方发起大规模攻势，目标是占领斯大林格勒和高加索。

　　苏军最高统帅部认为德军的主攻目标是莫斯科，结果苏军连战失利。苏德战场的南线，一时间成为交战双方的决斗场。德军在南方施加的压力太大了。苏军最高统帅部认为必须为南方的苏军分担压力，让德军不再往南方增加部队，苏军必须在其他战线上采取行动。

此时，苏军列宁格勒地区的2个方面军仍被德军建立的隔离带围困着。隔离带内的列宁格勒方面军从西南到东南，扼守着芬兰湾南岸的别杰尔科符—乌里茨克—普希金—雅姆伊若拉—拉多加湖南岸的施利谢尔堡一带。在德军隔离带外面的苏军沃尔霍夫方面军防线，南起诺夫哥罗德，顺着沃尔霍夫河向北，在基里希改向拉多加湖南岸的里普卡。

苏军列宁格勒和沃尔霍夫两个方面军之间的距离在姆加以北至拉多加湖南岸的锡尼亚维诺地区最近，只有16公里。若能打通这16公里宽的隔离带，消灭德军的"锡尼亚维诺突出部"，那么列宁格勒就可以解围。苏联最高统帅部决定在这里再进行一次突围。

对于拥有装甲部队的苏军来说，16公里应该是眨眼间的事。然而，这16公里却让苏军感到异常头疼：那里是森林、沼泽、泥泞的泥炭地、纵横的深沟，唯一能够通行的地方是锡尼亚维诺高地，它高出附近地形10—15米，德军在高地上修筑了坚固的防御工事。德军统帅部认为苏军不可能在这里发起进攻，而苏联最高统帅部偏要从这个看似不可能的地方突破围困。

第六章

突围，再突围

苏军第六十七集团军近 2000 门火炮和迫击炮同时发出巨大的轰鸣。刹那间，苏军炮兵阵地上空腾起一片白雾，炮口喷出的火光，从远处看去如同一串串大火球。随着成百吨炮弹从天而降，德军阵地陷入熊熊烈焰中……

◎ 秘密部署

1942 年 8 月初，苏联最高统帅斯大林在克里姆林宫召开高级将领军事会议。苏军总参谋长沙波什尼科夫首先介绍了关于实施锡尼亚维诺地区战役的构想。

他说："总的战略构想是，列宁格勒方面军和沃尔霍夫方面军进行相向突击，在波罗的海舰队和拉多加湖区舰队的配合下，击垮施利谢尔堡和姆加的德军，打破其对列宁格勒的陆上封锁。这次战役将起到牵制德军的作用，使其无法将列宁格勒的部队调往南方。在斯大林格勒城下，双方正在进行一场殊死决战。"

斯大林说："统帅部批准了列宁格勒方面军和沃尔霍夫方面军制订的作战计划。戈沃罗夫同志和梅列茨科夫同志，你们要相互了解对方的计划，因为这是一次联合行动。"

听斯大林这么一说，刚刚接任列宁格勒方面军司令员不久的戈沃罗夫和沃尔霍夫方面军司令员梅列茨科夫互相看了一眼。

  戈沃罗夫，苏联著名将领，1897年出生于基洛夫州布特尔基村。1916年，考入彼得格勒工业学院。12月，应征入伍，进入康斯坦丁炮兵学校深造。次年，戈沃罗夫从炮兵学校毕业后，来到托木斯克服役。1918年3月，复员回家，到叶拉布加市的一个合作社工作。1918年10月，白匪军攻下该城时，戈沃罗夫被征加入高尔察克的部队。1919年10月，戈沃罗夫率领炮兵连的部分士兵起义，后来率部逃到托木斯克，参加了工人赤卫队。1920年1月，苏军攻下托木斯克，戈沃罗夫参加苏军。在东线和南线，他指挥的炮兵营战功卓著。

  苏联内战结束后，戈沃罗夫在彼列科普第五十一师服役10年，当过炮兵营长、团长，后来先后担任过筑垒地域炮兵主任、第十四和第十五军炮兵主任。从总参军事学院结业后，戈沃罗夫来到捷尔任斯基炮兵学院任教。1940年苏芬战争时期，戈沃罗夫作为炮兵专家被派到前线，出任第七集团军炮兵司令部参谋长，对突破"曼纳海姆防线"做出了巨大的贡献。同年，升任炮兵副总监。

  1941年5月，戈沃罗夫改任捷尔任斯基炮兵学院院长。7月，任西方方面军炮兵主任，后来改任预备队方面军炮兵主任、莫扎伊斯克防线部队副司令员。8—10月，任西方方面军炮兵主任。10月18日，戈沃罗夫升任第五集团军司令员，负责保卫莫扎伊斯克方向的莫斯科接近地。在叶利尼亚战役中，戈沃罗夫不仅是精明的炮兵专家，还精通多兵种联合作战，因此升任多兵种合成集团军司令员。

在莫斯科保卫战中，戈沃罗夫的部队战功卓著。1942年4月，升任列宁格勒方面军集群司令员。6月9日，接替霍津出任列宁格勒方面军司令员。戈沃罗夫采取一系列措施，缓解了列宁格勒的紧张局势。他率部发动了一系列进攻战役，消耗了大量德军，为后来解围列宁格勒创造了非常有利的条件。

1944年，在红谢洛—罗普沙战役中，戈沃罗夫指挥部队在德军防御最强的地段实施强有力的突破。后来的胜利证明，他的冒险是正确的。戈沃罗夫还指挥了卡累利阿地峡的维堡战役。之后，他指挥苏军进行了塔林进攻战役，苏军再次控制了爱沙尼亚。接着，戈沃罗夫指挥列宁格勒方面军在蒙海峡群岛登陆。

苏联卫国战争后，戈沃罗夫先后担任列宁格勒军区司令员、陆军总监察长、武装力量总监察长、苏联武装力量部副部长。1948年7月，任国土防空军司令员。1950年5月，兼任苏联军事部副部长。1953年4月，任苏联国防部总监察长。1954年5月，任国防部副部长兼苏联国土防空军总司令。1955年去世，葬在红场克里姆林宫红墙下。著有《在列宁格勒保卫战中》一书。

梅列茨科夫，二战时的"北极圈霸主"，苏联将领中最擅长筑垒地域攻防的专家。1897年5月26日出生于莫斯科的纳札列沃，参军前当过钳工。1917年，加入苏联布尔什维克党，第二年应征入伍当了红军。

苏联内战时期，梅列茨科夫在东方方面军和南方方面军服役，先后担任支队政委、旅副参谋长和师副参谋长。从1922年起，梅列茨科夫先后在西伯利亚骑兵第一师、步兵第十五军、顿河步兵第九师担任参谋长。

1924 年 7 月，梅列茨科夫改任莫斯科军区动员部部长。9 月，出任参谋长助理。1928 年 7 月，出任副参谋长。1930—1931 年，任步兵第十四师师长兼政委。1931—1934 年，历任莫斯科军区和白俄罗斯军区参谋长。

梅列茨科夫

1935 年 1 月，梅列茨科夫改任苏军远东特别集团军参谋长。作为志愿军，他参加了 1936—1939 年的西班牙内战。在瓜达拉哈拉战役中，他的指挥才能得到了充分发挥。1938 年 9 月，升任伏尔加河沿岸军区司令员，后来改任列宁格勒军区司令员。

1939—1940 年，苏芬战争时期，梅列茨科夫指挥第七集团军在维堡方向取得了一定的胜利。1940 年 8 月，作为苏军总参谋长的梅列茨科夫在秋季大演习中担任总导演，因偏向失败的白俄罗斯军区司令员巴甫洛夫，被斯大林撤销了总参谋长一职，演习胜利的一方——基辅军区司令员朱可夫继任总参谋长。

1941年12月，梅列茨科夫出任沃尔霍夫方面军司令员。1942年5月，当沃尔霍夫方面军改编为战役集群时，改任第三十三集团军司令员。6月起，再次担任沃尔霍夫方面军司令员。1943年年初，沃尔霍夫方面军与列宁格勒方面军突破了德军对列宁格勒的封锁，后来又胜利实施了诺夫哥罗德—卢加战役。

1944年2月，梅列茨科夫任卡累利阿方面军司令员，并指挥卡累利阿方面军占领了卡累利阿和北极地区。卡累利阿方面军于1944年6—8月进行了斯维里—彼罗扎沃茨克战役，解放了南卡累利阿。10月，卡累利阿方面军在他的指挥下发动了佩特萨莫—希尔克内斯战役，解放了苏联北极地区和挪威北部地区。随后，梅列茨科夫指挥苏军摧毁了扎波罗热的德军。10月26日，梅列茨科夫晋升为元帅。挪威国王哈康七世授予梅列茨科夫一枚"神圣奥拉夫"大十字勋章。

1945年春季，梅列茨科夫任滨海部队集群司令员，该集群在对日作战初期改称远东第一方面军。1945年8—9月，远东第一方面军取得了东满洲和北朝鲜进攻战役的胜利。在战役过程中，梅列茨科夫大量使用先遣支队、空降兵和海军陆战队作战。

二战后，梅列茨科夫历任滨海军区司令员、莫斯科军区司令员、白海军区司令和北部军区司令员。另外，他还担任过高级步兵学校校长。1955—1964年，梅列茨科夫任苏联国防部部长助理，主管军事院校。

1964 年 4 月，梅列茨科夫任苏联国防部总监组总监。1968 年 12 月 30 日，梅列茨科夫去世，后葬在红场克里姆林宫红墙下。著有《像俄罗斯那样不屈不挠》《为人民服役》《我的青年时代》等著作。

斯大林说："在接下来的战役中，沃尔霍夫方面军负责主攻，列宁格勒方面军的炮兵和航空兵支援沃尔霍夫方面军。"

最高统帅这么说，梅列茨科夫似乎明白了为何斯大林在武器上"照顾"沃尔霍夫方面军了。离开莫斯科后，戈沃罗夫和梅列茨科夫的准备工作开始紧锣密鼓地进行。梅列茨科夫的兵力部署是：沃尔霍夫方面军突击部队分为 3 个梯队，第一梯队是第八集团军；第二梯队是步兵第四军，任务是打破德军的封锁；第三梯队是突击第二集团军，任务是歼灭德军的预备队。3 个梯队共 13 个步兵师、8 个步兵旅和 6 个坦克旅以及 20 多个炮兵团。

在铁路运输效率不高及德军不断实施空袭和空中侦察的情况下，沃尔霍夫突击部队的调动、兵力展开，任何一个环节出现问题都将造成战役的失败。梅列茨科夫面临的最大难题是这一切都要秘密进行。在战役开始前一个月，梅列茨科夫尽量迷惑德军。部队的调动都在晚上进行，而在部队离开原驻地后，电台和指挥部仍然留在原地，继续与离开的各个部队保持"通信"。在新的集结和兵力展开地区，实行严格的无线电静默，也不下发任何有关战役的书面命令，所有命令口头传达。为了迷惑德军，方面军司令部制造了很多假象。梅列茨科夫曾经在诺夫哥罗德东北的小维谢拉制造了部队大规模集结的假象，成功地迷惑了德军。

◎ 游击战惹恼希特勒

8月18日，希特勒签发了第46号元首指令，要求德军坚决消灭苏联战场的游击队，以稳定东线战争的后方。第46号指令全文如下：

元首　　元首大本营

国防军统帅部／国防军指挥参谋部／作战处 1942 年 8 月 18 日

1942 年第 002821 号机密文件

第46号指令

一、总方针

1. 东方战场，最近几个月，敌游击队的破坏活动达到了难以容忍的地步，对占领区的经济利用和前线补给构成了十分严重的威胁。

冬季来临前，国防军务必肃清这些游击队，以保障东方战线后方的稳定，以免对国防军的冬季攻势造成不利影响。

鉴于此，一定要做到：

（1）国防军各军种、党卫队和警察中抽调的合适兵力集结起来，迅速、严厉、主动地消灭游击队。

（2）在经济、政治和宣传方面采取的一切措施都要强调与游击队做斗争的必要性。

2. 所有参加肃清敌游击队的单位在采取军事、治安和经济措施时，应遵循下列总方针：

（1）与游击队作的斗争，就像同前线敌人做斗争一样，是指挥机构的事。它由受命参加这一斗争的各指挥参谋部负责组织和指挥。

（2）肃清游击队需要对所有参加游击队或支持游击队的人进行主动的斗争和采取最严厉的措施。关于实施反游击队行动的作战指令将随后下达。

（3）务必严格而公正地对待当地居民，以便赢得这些人对德国领导的必要信任。

（4）保障居民享有最基本的生存条件是肃清游击队的前提。倘若做不到这一点，特别是不能保证合理地分配现有的东西，那么后果将是更多人投靠游击队。

（5）在与游击队的战斗中，当地居民的合作是必不可少的。对于有功人员的酬劳千万不能吝啬，要让他们真心感激我们。相反，对各种包庇游击队的行为，必须严厉打击，从重惩罚。

（6）对于那些不适当地轻信当地居民特别是轻信德国勤务部门中雇用的当地居民的现象，一定要进行最坚决的斗争。即便大多数居民对游击队持敌视态度，也应时刻注意间谍的动向，因为这些间谍负有下述任务：向游击队及时报告准备对他们采取的措施。

二、指挥和职责

1.党卫队

党卫队帝国司令兼德国警察首脑（即海因里希·希姆莱）是主管搜集和分析对游击队斗争经验的中央负责人。

此外，党卫队帝国司令单独负责领导帝国特派员管辖区的反游击队斗争。在执行任务时，国防军各位司令应通过下述方式给党卫队帝国司令以支持：协调他们采取的措施；必要时，提供指挥机构、指挥手段和补给设施。一旦军事警戒任务（要尽可能主动地去完成）允许，必要时也可将国防军的兵力暂时调给党卫队兼警察高级司令用于执行其任务。

党卫队兼警察高级司令与国防军各位司令之间保持密切的联系，是取得胜利的前提条件。

2.陆军

陆军总参谋长负责作战区域的反游击队斗争。

为了圆满完成任务，除陆军兵力外，应将作战区域的警察力量配属给有关国防军司令指挥。诸位司令视情况、投入的兵力和军衔，授权陆军指挥官或党卫队兼警察高级司令指挥每次行动。

三、兵力

1.党卫队帝国司令兵力

用于反游击队行动的警察和党卫队主要参加主动战斗，避免让其执行其他警戒任务。

努力加强东线警察的兵力和党卫队的力量，尽可能将党卫队帝国司令管辖的其他组织调往受到威胁的地区。

陆军尽快把尚在前线战斗但对于后方的反游击队斗争必不可少的部队调出来，交给党卫队帝国司令，以便完成其原来的任务。

2. 陆军兵力

为了加强控制广阔的东方地区，现在我命令：

（1）总督辖区（编者注：二战期间被德国占领的波兰地区，由德国派去的总督管理，故称为总督辖区）并入本土战区时，调2个后备师进入。

（2）1942年10月15日前，将5个后备师调入驻"东方国"国防军司令和驻"乌克兰"国防军司令管辖区之内。

（3）1943年10月1日前，野战陆军所有部队、分队、勤务机构、设施和学校从总督辖区转移至帝国特派员管辖区或作战地区。若有特殊情况，需经国防军统帅部参谋长批准。

（4）10月底前，由后备陆军组建的野战后备部队调入东线战区。

（5）关于第（1）至第（4）款实施细则，由国防军统帅部参谋长颁发。

3. 空军兵力

为增强东方占领军的兵力，空军总司令应派驻空军有关机构进入受游击队威胁之地区。

4. 当地部队

同游击队的斗争中特别经受住考验的当地部队，只要其建立在志愿基础上的绝对可靠而又勇于战斗的组织，可以继续予以保留或扩编。当地部队依然不能开赴前线作战，不管是流亡分子或过去知识界的领导人。

陆军总参谋部组建的土库曼部队应由德国招募和控制,其兵员来自苏联的土耳其斯坦和高加索。

对当地部队的内部隶属关系、军衔、服装和训练须作出统一的规定,并报请国防军统帅部参谋长批准。禁止使用德国的等级标志和表示国家尊严的标志以及国防军肩章。

安排好对这种部队人员的补给工作。犒赏与补给的多少应与实际贡献保持一致,具体可根据已发布的指示和实际情况采用优先分配土地的办法。

5. 其他武装力量

如果有必要,可以改善帝国青年义务劳动队、铁路职工、林业官员、农业领导人等的武器装备,使这些人能够使用尽可能优良的武器保卫自己。

在受到游击队威胁的地区,不允许出现消极或被动参加同游击队斗争的德国人。

（签字）阿道夫·希特勒

希特勒指派党卫军领导人海因里希·希姆莱负责彻底肃清游击活动,并责成陆军总部参谋长进行反游击作战,还命令德国后备军在训练完成后作为反游击部队。德军多次清剿游击队,特别是针对游击区。在大约 30 天的反游击作战中,6000 多名德国人将游击区变成了地狱。

德军残酷的战法造成了苏军游击队的惨重损失,并迫使从事游击活动的队伍转移到较安全的地区以避免伤亡。然而,德军狂暴的作战激发了苏联人强烈的反抗意识，反而促使当地居民纷纷加入游击战争。德军尽管摧毁了苏军游击区，但游击队给他们造成的损失却在不断增加，如此恶性循环最终激起了整个德军占领区的反抗。

对德军来说更糟的是，在列宁格勒及其周边地区和南部杰米扬斯克附近几近不停的战斗，迫使德军北方集团军群减少其后方安全设施的数目和规模，此举显著提高了苏军游击队的士气。

◎ 爱折腾的元首

8月20日，曼施坦因刚从罗马尼亚休假回到第十一集团军司令部就发现了一封希特勒寄来的信，上面盖着德军统帅部的大印。曼施坦因曾在1942年春季的克里米亚半岛战役中率领第十一集团军攻克了被公认为最坚固的塞瓦斯托波尔要塞，占领了克里米亚半岛。克里米亚战役的胜利为德军向斯大林格勒、高加索的进攻提供了侧翼保障，使希特勒重新燃起了攻下列宁格勒的希望。

希特勒认为列宁格勒的工事与塞瓦斯托波尔要塞相比简直就像一道木墙，于是下令曼施坦因的第十一集团军调头北上，进攻列宁格勒。但是，曼施坦因并不赞同希特勒的命令，他对作战处长说："能否给我解释一下，怎么会有这种命令？"

作战处长摇摇头："将军，这是3天前接到的命令，让我们的炮兵部队马上乘列车北上，包括两门600毫米的加农炮和1门800毫米的多拉炮，目前它们已经在驶往列宁格勒的铁路上了。"

"元首要干什么？难道他真的以为第十一集团军能攻下列宁格勒吗？而且，列宁格勒比高加索更有意义吗？"曼施坦因有些烦躁地问出一连串问题。

作战处长说："还有更糟糕的消息呢。陆军总部命令第五十师留在高加索，第二十二师调去改编成空降师，第七十二师调往中央集团军群。如此，等于是把第十一集团军给肢解了。"

曼施坦因一声长叹："让元首折腾去吧！"

8月26日，梅列茨科夫在沃尔霍夫方面军司令部召开军事会议，会议决定将进攻时间定于8月27日早晨。

8月27日，曼施坦因的第十一集团军司令部到达列宁格勒前线。

当天清晨，经过2个小时的炮火准备，苏军沃尔霍夫方面军第八集团军从布戈罗夫斯基至沃罗诺沃一带发起反攻。装备了新式冲锋枪的苏军官兵勇猛异常。苏军在两天内的进攻十分顺利。在主要进攻方向上，苏军渡过锡尼亚维诺东边的小黑河。

8月28日傍晚，苏军攻到德军的主要防御阵地锡尼亚维诺。除了子弹不足外，苏军第八集团军未碰到太大阻碍。从发起反攻开始，苏军士兵的手指就没有离开过扳机，直到把子弹打光，再换新弹夹。他们看着枪口不断喷出的火舌，紧张程度会大大降低，以至于苏军军官们要经常警告这些"奢侈"的士兵节省子弹。

德军起初对苏军在锡尼亚维诺发动的进攻不太在乎。因为8月19日列宁格勒方面军也曾经向锡尼亚维诺发起过突击，但对德军并没有构成多少威胁。因此，北方集团军群司令屈希勒尔与曼施坦因仍在一起研究攻打列宁格勒的计划。他们计划首先使用炮兵与空军，再用坦克与步兵突破列宁格勒以南苏军的防线，但不进入市区进行巷战。在突破列宁格勒外围防线后，德军向东强渡涅瓦河，再与涅瓦河对岸的德军夹攻列宁格勒与拉多加湖之间的苏军，切断列宁格勒至拉多加湖的补给线。如此一来，用不了多少天列宁格勒就会被真正困死。屈希勒尔的进攻计划被称作"北极光"计划，实施时间定在 9 月 14 日。

然而，苏军沃尔霍夫方面军的猛烈攻势，很快让屈希勒尔与曼施坦因发现苏军来者不善，这是苏军经过精心准备的强大反攻。如果让苏军实现目标，就没有必要实施"北极光"计划了。不久，德军第十一集团军第一七〇师和从涅瓦河调来的第十二装甲师奉命参加锡尼亚维诺地区的战斗。德军第二二七师的所有后备队和第九十六步兵师的先遣队也奉命赶往锡尼亚维诺地区。这样，北方集团军群几乎所有航空兵都被调到这里空袭苏军进攻部队。

苏德双方在锡尼亚维诺地区展开大战。没有制空权的苏军十分被动。从 8 月 29 日起，苏军第八集团军的推进速度开始变得迟缓，在攻入德军防线纵深 7 公里时再也不能前进一步。

8 月 31 日，苏军步兵第四军按时投入战斗。虽然步兵第四军将第八集团军的战线朝前推进了 2 公里，突破纵深达 9 公里，但仍未能到达涅瓦河。

9 月 4 日，苏军步兵第四军力量耗尽，进攻不得不宣告停止。沃尔霍夫方面军司令员梅列茨科夫不得不对战役计划进行调整，急令方面军第三梯队——突击第二集团军投入战斗。

根据希特勒的命令，曼施坦因接过了锡尼亚维诺的指挥权。曼施坦因在锡尼亚维诺南、北两个方向部署了 2 个突击集团，以便从两侧夹击苏军。南边集团由第二十四、第一三二、第一七〇步兵师和第三山地师组成；北边集团由第一二一步兵师、第五山地师和第二十八轻步兵师组成。

9月10日，德军从苏军突破口的根部发起两翼攻势，双方展开了持续激战。

9月20日，德军开始全线大反攻，苏军死守小黑河的西岸阵地。

9月21日，德军包围了苏军第八集团军、步兵第四军和突击第二集团军。梅列茨科夫马上组织兵力救援，苏军列宁格勒方面军也紧急出动8个师强渡涅瓦河。同时，梅列茨科夫命令被围部队向小黑河东岸突围。

为避免部队受到重大伤亡，德军第十一集团军司令曼施坦因下令对苏军只围不攻，并最大限度地调来炮兵，同时请求陆军总部从其他战线、德国本土，甚至斯大林格勒前线调来几个轰炸机群，一连几天持续轰炸包围圈内的苏军。整个包围圈内千疮百孔，布满了弹坑，苏军的7个步兵师、9个步兵旅和4个坦克旅被歼灭。

在锡尼亚维诺战役中，德军损失了近6万人、200辆坦克、200门火炮、400门迫击炮和260架飞机。尽管德军维持住了封锁，但进攻列宁格勒的"北极光"计划由于第十一集团军损失太大而破产了。

◎ "火花" 作战计划

10 月初，德军北方集团军群总司令屈希勒尔组织兵力占领施利谢尔堡。此时，杰米扬斯克的德军仍在坚守，屈希勒尔命令第二军各师死守该阵地。被苏军战略合围的德军通过狭窄的走廊与旧鲁萨以南的德军保持着联系。

10 月 14 日，德国陆军总部下令北方集团军群在即将来临的冬季中采取守势，但保留"北极光"作战作为未来行动选项。曼施坦因的第十一集团军持续待命，希特勒旋即暂缓这项作战，反而命令曼施坦因用炮兵火力粉碎苏军在列宁格勒的防务。曼施坦因仍是这一条休眠战线的守卫，直到 11 月 20 日奉命前往南方，救援在斯大林格勒区域内被围困的保卢斯的第六集团军为止。

11 月，苏军的 3 个方面军在斯大林格勒地区展开大规模反攻。两天后，苏军把德军近 30 万人包围在伏尔加河与顿河之间的斯大林格勒地区。随后，苏联人在苏德战场的各个战略方向上展开了大反攻。

与此同时，列宁格勒地区的苏军也在进行着不屈不挠的战斗。战场距离列宁格勒市区很近：南边战场距市区只有 4 公里，西北和东南只有 25—30 公里。德军昼夜不停地炮击列宁格勒市区。

苏军列宁格勒方面军的兵力为第二十三、第四十二、第五十五和第六十七集团军以及波罗的海舰队、空军第十三集团军。苏军必须保卫卡累利阿地峡，防止芬军从这里偷袭，坚守芬兰湾沿岸，特别是沿岸的海军基地，从西南方面护卫列宁格勒。另外，苏军还要在南面、东南守住列宁格勒接近地。

苏军沃尔霍夫方面军的兵力为第八集团军，突击第二、第五十四、第四、第十九和第五十二集团军，以及空军第十四集团军。沃尔霍夫方面军的兵力尽管比列宁格勒方面军多，但战线更长，从伊耳缅湖至拉多加湖 300 多公里长的战线都由该方面军坚守。

苏军在斯大林格勒展开的大反攻，迫使希特勒不得不将第十一集团军从列宁格勒调走，同时还从第十八集团军调走了 9 个师。这样，德军只好放弃了进攻列宁格勒的"北极光"计划。

苏联最高统帅部迅速抓住这一有利战机，命令列宁格勒和沃尔霍夫两个方面军准备发起反攻，以解除列宁格勒之围。两个方面军吸取了锡尼亚维诺战役失败的教训，认为在新的战役中必须协同行动。苏军沃尔霍夫方面军司令员梅列茨科夫与参谋长斯捷利马赫经过拉多加湖冰上运输线赶到列宁格勒，与列宁格勒方面军司令员戈沃罗夫专门研究两个方面军的协同问题。

梅列茨科夫与戈沃罗夫会见后，立即转入正题。梅列茨科夫问戈沃罗夫还有多少兵力参加新战役。经过 14 个月的不断战斗，列宁格勒方面军的损失很大。虽然也有补充，但方面军的兵力一直在减少。因此，戈沃罗夫说最多只能投入 1 个集团军的兵力。梅列茨科夫和戈沃罗夫再次选择在拉多加湖畔的施利谢尔堡至姆加之间的锡尼亚维诺实施突破。这里的纵深宽度只有 16 公里，每个方面军只要拿下 8 公里就行了。梅列茨科夫计划让苏军突击第二集团军担任第一梯队，从锡尼亚维诺以北发起攻击。这个位置比锡尼亚维诺以南的森林和沼泽地要好得多。

苏联最高统帅部承诺给列宁格勒和沃尔霍夫两个方面军补充兵力和武器，由于此时斯大林格勒战役处在关键阶段，一时间该承诺不能兑现，因此，梅列茨科夫和戈沃罗夫决定将战役的发起时间定为 1943 年 1 月初。该战役计划的代号为"火花"，象征着列宁格勒军民的希望之火。

11 月 17 日，苏军列宁格勒方面军向最高统帅部提出在施利谢尔堡方向发起攻击的请求。

11 月末到 12 月初，苏军列宁格勒方面军司令员戈沃罗夫和沃尔霍夫方面军司令员梅列茨科夫在大本营代表伏罗希洛夫的监督下，开始筹划解除列宁格勒封锁的攻势，就像苏军在南部开始利用斯大林格勒的胜利进行大规模冬季攻势一样。

戈沃罗夫提议进行两个独立的攻势：第一个名为"乌里茨克作战"，突破德军封锁并恢复拉多加湖以南的交通；第二个是"施利谢尔堡作战"，将再度建立海岸作战群及第四十二集团军间的交通。在乌里茨克攻势中，列宁格勒方面军的海岸作战群和第四十二集团军将击毁德军防线，并重建列宁格勒以西的防线；在施利谢尔堡攻势中，列宁格勒方面军的第六十七集团军和沃尔霍夫方面军的第二突击军与第八集团军，将突破列宁格勒以东的德军防线，解除列宁格勒之围。苏军将连续进行这些作战，"施利谢尔堡作战"的时间定在 12 月中下旬，"乌里茨克"作战则定在 1943 年 2 月。

戈沃罗夫力主苏军方面军以强有力的打击部队同时对德军发起攻击，以免重蹈 1942 年 8 月的覆辙，他还要求最高统帅部大本营派 3—4 个步兵师增援列宁格勒方面军，并将第十三航空集团军的缺额补满。大本营命令戈沃罗夫和梅列茨科夫在 12 月 1 日前完成该项作战计划。

11 月 22 日，苏军列宁格勒方面军司令员戈沃罗夫和沃尔霍夫方面军司令员梅列茨科夫将作战计划呈报给最高统帅部大本营。

12 月 2 日，斯大林批准了戈沃罗夫和梅列茨科夫的作战计划，并将这次作战攻势的代号正式定名为"火花"，下令列宁格勒和沃尔霍夫两个方面军加紧战役准备。

根据"火花"作战计划，第二突击集团军被指定为沃尔霍夫方面军的打击部队，第六十七集团军为列宁格勒方面军的打击部队。沃尔霍夫方面军副司令员费迪乌宁斯基督导第二突击集团军作战，列宁格勒方面军司令员戈沃罗夫督导第六十七集团军的行动。

统帅部大本营下令由伏罗希洛夫元帅担任代表，从全局协调攻势，并于 12 月 8 日指派特定任务给这两个方面军，在这个月的剩余时间中派遣大批援军。虽然这两个方面军设法在 1943 年 1 月 1 日完成了攻势准备，但涅瓦河的冰冻状况迫使大本营同意了戈沃罗夫的看法，将攻势发起的时间延至 1 月 10 日至 12 日。

◎ 战风猎猎

根据最终的攻击计划，苏军突击第二集团军和第六十七集团军这两支打击部队将歼灭防卫施利谢尔堡—亚韦诺突出部的德军，进而解除列宁格勒的封锁，因此他们在 2 月初将向南发动攻击，消灭姆加地区的德军部队，建立一条宽敞的陆上走廊至列宁格勒，以恢复通往列宁格勒的地面交通。苏军第六十七集团军将穿越杜布洛夫卡与施利谢尔堡间 13 公里长的防线，在突出部西半部击败德军，与第二突击集团军会师，恢复与列宁格勒的地面交通。随后，两支部队将转向南方，在姆加北方沿着莫依卡河占领新防线。第六十七集团军辖 8 个步兵师、5 个步兵旅、2 个滑雪旅和 3 个战车旅、1 个要塞区部队及声势浩大的增援部队，排列成两个梯队，以加强其攻击力量。

最后确定第二突击集团军和第六十七集团军在 1 月 12 日早晨发起攻击，并夜以继日作战，以求在 3—4 日内突破德军封锁。苏军第二突击集团军将击破从立普卡至盖托洛沃 12 公里的德军防线，围歼突出部东半部的德军，并与防卫前线其余部分的列宁格勒方面军会师。随后，会师部队将掘壕固守，保护施利谢尔堡轴线及其左翼，并和列宁格勒方面军的第六十七集团军会师。

苏军第二突击集团军辖11个步兵师、1个步兵旅、2个滑雪旅及4个战车旅，与被指派夺取特别目标的特殊部队一起部署在两个梯队中。第二突击集团军的左翼第八集团军将从盖托洛沃向南突破德军防线至铁路线，然后再向西方及西南方挺进，在姆加城西北与第六十七集团军一前一后建立新防线。

"火花"作战计划要求第六十七集团军和第二突击集团军沿着二号与六号工人营一线会师。第六十七集团军司令员杜哈诺夫和第二突击集团军司令员罗曼诺夫斯基以各自方面军的预备命令为基础，竭尽所能制订计划，甚至在接获方面军的指令前，就在1月1日将他们的计划分别提交给列宁格勒方面军司令员戈沃罗夫和沃尔霍夫方面军司令员梅列茨科夫。第六十七集团军将越过涅瓦河的冰水，在杜布洛夫卡及施利谢尔堡间突破德军防线，之后向锡尼亚维诺推进，消灭施利谢尔堡和锡尼亚维诺的德军，攻占阿布佐沃、坐标点22.4、六号工人营、锡尼亚维诺、一号工人营以及施利谢尔堡等据点。随后，第六十七集团军将和第二突击集团军在拉多加湖以南重建一道连续的正面，并向东南方发动攻击，占领莫依卡河一线。第六十七集团军的其他部队将防守涅瓦河与拉多加湖的冰上公路，波罗的海舰队将对第六十七集团军提供火力支援。

苏军第二突击集团军将在立普卡和盖托洛沃间突击德军防线，摧毁里普卡、八号工人营、圆树林与盖托洛沃区域的德军，并夺取一号、五号工人营及锡尼亚维诺。随后，在保护其左右两翼的同时，第二突击集团军将抵达涅瓦河，与列宁格勒方面军的第六十七集团军建立联系。在第二突击集团军的左翼，第八集团军在盖托洛沃和米希诺防区以 2 个步兵师、1 个步兵旅的兵力穿越德军防线，朝姆加方向推进，以保护第二突击集团军的左翼。

如果遇到恶劣天气，对在险恶无比的地形上的坚强防线内的德军进行如此复杂的攻势，就必须要有谨慎且有效的指挥和管制、大规模且彻底整合并协调的炮兵、空中、装甲、工兵与后勤。

鉴于此，戈沃罗夫与梅列茨科夫两人都计划在攻势前与攻势进行时对他们的突击部队提供大规模炮兵支援。戈沃洛夫在第六十七集团军的防区集结了 1873 门火炮和迫击炮，组成诸多有特定用途的炮兵群，并计划在突击行动前进行 150 分钟的炮火射击。梅列茨科夫在他的攻击地段集结了 2885 门火炮和迫击炮，如同戈沃洛夫运用相同类型的炮兵群编组，打算在第二突击集团军的地段进行 80 分钟、第八集团军的地段进行 100 分钟的炮火射击。

与此同时，苏军第十三航空集团军派出 414 架飞机支援列宁格勒方面军的攻势，当中绝大多数是战斗机。第十三航空集团军集中对付前沿目标，针对德军预备队和炮兵阵地进行攻击，同一时间小群飞机以随机待命的方式支援前进中的部队。苏军第十四航空集团军派出 395 架飞机支援沃尔霍夫方面军的攻势，绝大部分是对地攻击机和战斗机。由于攻击机占数量比例较大，使第十四航空集团军得以在进攻德军据点时，给予更有效的对地支援。

大型战车部队无法在列宁格勒周围的森林、沼泽和破碎地形作战，特别是在冬季，何况苏军突击部队至目标间距离短暂，没有可供战车部队机动的合适空间，因此列宁格勒方面军和沃尔霍夫方面军直接将战车旅、战车团和战车营指派给打击部队，作为步兵的支援。

戈沃罗夫派给突击部队第六十七集团军 3 个战车旅和 2 个独立战车营，

共有 222 辆战车和 37 辆装甲车，平均分配到第一梯队和第二梯队，轻型战车则部署在前方，将驶过涅瓦河的冰层表面。梅列茨科夫派给第二突击集团军 4 个战车旅、1 个战车团和 4 个独立战车营，共 217 辆战车，还派给第八集团军 1 个团与 2 个营共 92 辆战车。另外，第三十二和第四十四螺旋桨雪橇营还装备了附有机枪的轻型装甲螺旋桨雪橇，将对德军后方进行侦察和袭击。

鉴于德军坚强的防务和复杂的地形，苏军大规模工兵支援对于取得胜利至关重要，特别是第六十七集团军，因为其将越过涅瓦河冰冻的河面进行突袭。戈沃罗夫派出 15 个混编工兵、浮桥与其他营级单位以及伪装和水文技术连到第六十七集团军，并指定 7 处渡河场。梅列茨科夫分别派出 2 个完整的混编工兵旅、1 个独立布雷主兵营和 1 个摩托化工兵营给第二突击集团军，以及 1 个布雷工程工兵旅、独立摩托化工兵营支援第八集团军。这两个方面军能够为他们的部队提供适当的后勤支撑，是苏德战争中的第一次，但即使如此，封锁仍对列宁格勒方面军造成不良影响，沃尔霍夫方面军的补给线则过于延伸。

在"火花"战役的整个筹备阶段，列宁格勒方面军和沃尔霍夫方面军奉行严格的保密规定，限定书面计划文件的数量、限制日间移动，并隐蔽所有的攻击企图。同一时间，他们还进行对作战来说独一无二的战斗技术特别训练。比如，越过涅瓦河冰面的突击、练习攻击特殊目标，其中包括在后方地区对每个特殊目标之精细实体模型进行多次排练和演习。就在攻击之前，他们在其他前线地段模拟攻击准备，以防止德军判定攻势确切的时间和位置。在发动攻势前，炮兵已于 1 月 5 日进入前进射击阵地，步兵师也于 1 月 11 日进入攻击发起阵地，第一梯队的战车则在 1 月 12 日进入前进阵地。

在"火花"攻势展开前不久，苏联大本营派朱可夫前往列宁格勒协调作战事宜。朱可夫在 1 月 12—24 日间于列宁格勒停留。在 2 月作战完成后，他拟订了一份更具野心的"极星"作战计划，因此当"火花"作战进行时，苏军准备沿着整条战线发动大型攻势作战。

12 月 8 日，苏联最高统帅部在训令中明确了列宁格勒和沃尔霍夫两个方面军的具体作战任务：列宁格勒和沃尔霍夫方面军于 1943 年 1 月歼灭施利谢尔堡—锡尼亚维诺突出部、里普诺、加伊托罗诺、杜布洛夫卡的德军，打破德军的封锁；1 月底，两个方面军应进抵莫伊卡河、米哈伊洛夫斯基、托尔托罗诺一带，保证列宁格勒交通线的畅通；2 月上旬，两个方面军应发动新的战役，歼灭姆加的德军，再推进至沃罗诺沃、瓦斯克列契尼耶、西戈罗沃、沃伊托罗诺一带。

12 月，苏军列宁格勒方面军补充了 1 个步兵师、5 个独立步兵旅、1 个高炮师和 3 个空降营；沃尔霍夫方面军补充了 5 个步兵师、1 个工程旅、3 个滑雪步兵旅和 4 个空降营。很快，列宁格勒方面军兵力增加了 10%，沃尔霍夫方面军兵力增加了 22%，火炮增加了 20%，迫击炮增加了 30%。通过两个方面军的兵力补充的对比，可以看出苏联最高统帅部重点加强了沃尔霍夫方面军的力量，目的是让其在即将打响的战役中担任主攻。

1943 年 1 月 1 日，苏军在列宁格勒的战略情势仍然严峻，但也不会再恶化下去了。虽然针对这座城市的大型攻势威胁已经降低，德军仍从三面包围这座城市，芬兰军队仍然从北面威胁着这座城市。苏军列宁格勒方面军守卫着孤立在这座城市西边的奥拉宁包姆桥头堡，以及通往这座城市的南方、东南方与东方通道。

然而，列宁格勒与苏联其他地区的联络通道仍被切断。苏军波罗的海舰队被封锁在芬兰湾东部，德军炮兵持续炮击列宁格勒；苏军沃尔霍夫方面军在东面防御着通往拉多加湖东岸的重要交通线，以及拉多加湖和伊耳缅湖之间的开阔地段。

苏军列宁格勒方面军的第二十三集团军沿着卡累利阿地峡防守通往这座城市的西北方通道，以防止遭到芬军的攻击，而海岸作战群，即之前的第八集团军，则防卫孤立在列宁格勒西边的奥拉宁包姆桥头堡。海岸作战群的桥头堡以远程火炮保护通至克伦斯塔特的通道，并威胁列宁格勒以南德军部队的左翼。列宁格勒的市内防卫和波罗的海舰队的克伦斯塔特海军防卫区护卫通往列宁格勒的海上航路，而后者还要防御芬兰湾中的岛屿，并使用飞机与螺旋桨雪橇来维持这些岛屿间的交通。

苏军第四十二集团军和第五十五集团军布防在从芬兰湾上的乌里茨克经普希金与科皮诺至涅瓦河的正面，防守通往列宁格勒南方与东南方的要道。苏军第六十七集团军占领前线左翼沿着涅瓦河至施利谢尔堡长达 55 公里的地段，同时负责防御涅瓦河口以北的拉多加湖西岸。列宁格勒方面军司令员戈沃罗夫在列宁格勒附近保留 2 个步兵师、2 个步兵和 2 个战车旅、1 个滑雪旅及 1 个要塞区部队作为方面军预备队，以备不时之需。

苏军列宁格勒方面军的空中力量由第十三航空集团军和波罗的海舰队航空队组成，保护列宁格勒方面军与海军基地。第十三航空集团军在 1942 年11 月成立，由 3 个航空师、5 个独立航空团及 1 个仍在组建中的混合航空团组成，配置 150 架作战飞机，另外还从波罗的海舰队的 3 个航空旅得到 235架飞机。列宁格勒防空集团军与拉多加湖师级防空区防卫列宁格勒及其周围地区，对抗德、芬两国军队的空中攻击。列宁格勒防空集团军第七战斗机航空军、高射炮团以及高射机枪团配备 550 门高射炮与 150 挺重型高射机枪，还有分配给拉多加湖师级防空区之额外 180 门高射炮和 60 挺重型高射机枪支援。

苏军波罗的海舰队仍隶属于列宁格勒方面军，由克伦斯塔特海军基地与邻近的堡垒、伊茨霍斯克与奥斯托夫要塞区、负责修复以克伦斯塔特和列宁格勒为基地的舰队与分舰队船只、潜艇的列宁格勒海军基地、拉多加分队、海岸防卫部队与航空单位组成。波罗的海舰队则挑起保护通往列宁格勒的海上航道以及拉多加湖补给线的重任。

苏军北部的另一个方面军——沃尔霍夫方面军防守着从拉多加湖至伊耳缅湖长达 300 公里的战线，其所属第八集团军负责方面军右翼从新拉多加运河至基洛夫铁路 50 公里长的防线，第二突击集团军作为第二梯队为其提供支援，随时准备发起反攻。第五十四、第四、第五十九与第五十二集团军部署在基洛夫铁路以南至伊耳缅湖之间。沃尔霍夫方面军保留了 1 个步兵师和 2 个滑雪旅作为预备队。第十四航空集团军以 3 个航空师与 7 个独立航空团总计超过 200 架飞机的兵力，为沃尔霍夫方面军提供空中支援。

鉴于苏军的兵力越来越强，德军在苏联南方战败后，陆军总部推迟了列宁格勒区域的进一步行动，直到南方的局势稳定为止。德国陆军总部命令北方集团军群总司令屈希勒尔采取守势，将曼施坦因的第十一集团军调往中央集团军群。此外，德国陆军总部还将北方集团军群所属第十八集团军的 9 个师调至其他防区，这样无疑大大削弱了北方集团军群的战斗力。

德军北方集团军群所属第十八集团军第五十军 4 个师把守着列宁格勒以

南从奥拉宁包姆桥头堡西缘至普希金的地段；在东边较远处，第五十四军在普希金至涅瓦河上的昂内恩斯克之间的防区内部署 3 个师；第二十六军的 3 个师配置在施利谢尔堡以南的姆加—锡尼亚维诺突出部当中昂内恩斯克至沃洛诺沃南边的要塞中；第一军 6 个师把守着沃洛诺沃南边至基里希以南沃尔霍夫河一线；第二十八军和第三十八军沿着沃尔霍夫河向南至伊耳缅湖的前线各部署了 3 个师；第二八五保安师负责保护集团军群整个后方地区。

德军兵力在施利谢尔堡—锡尼亚维诺瓶颈部最为强悍，这里有 5 个装备精良、经验丰富的德军师，每个师有 1 万至 1.2 万人，配置在这个区域森林及沼泽地形上高度强化的防线内。在冬季会部分结冰的涅瓦河的深度和宽度，以及姆加—锡尼亚维诺突出部几近不可穿越的森林和沼泽地形，再加上用石材建造的村落，整体看来有利于德军进行防御和维持封锁。

希特勒一直认为这块突出部是未来从东面攻击冰上公路及列宁格勒的重要跳板，也是封锁圈的重要一环，因为其堵住了列宁格勒与沃尔霍夫方面军间的交通。为此，德军在突出部内建立了 3 道钢铁防线，每道防线由 3 条壕沟组成，靠众多强化防御的村落支撑，由此建立起防卫区及规模较大的防御中心。如果苏军想解除列宁格勒的封锁的话，突出部内的 3 条钢铁防线将是其首先要啃下的"硬骨头"。

◎ 强攻，疯狂地强攻

1 月 12 日清晨，苏军沃尔霍夫方面军和列宁格勒方面军向拉多加湖以南的德军阵地发动了内外夹击的猛烈攻击。沃尔霍夫方面军的突击第二集团军和第八集团军右翼部队由东向西展开突击。该方面军向德军阵地以每公里 135 门火炮和迫击炮的密度，进行了 1 小时 45 分钟的猛烈炮击。接着，突击第二集团军的 5 个师发起了全面进攻。20 分钟后，苏军第八集团右翼部队跟在突击第二集团军的后面向前推进。

沃尔霍夫方面军右翼的步兵第一二八师的进攻遇到德军的顽强阻击，特别是里普卡、第八工人新村和"圆树林地"的德军。在里普卡，苏军久攻不下。德军占据制高点，以猛烈的火力封锁了苏军前进的道路。里普卡的德军在苏军的炮火打击下竟安然无恙。在德军强大的火力下，苏军士兵成片成片地倒下，1 名苏军士兵快速爬向德军的火力点，用自己的胸膛堵住了射击孔。趁此机会，苏军士兵一拥而上，将高地上的近百名德军击毙。

苏军步兵第三七二师和第二五六师负责沃尔霍夫方面军中路的进攻。这两个师从北边和南边向第八工人新村突入近 2 公里。从南边进攻的第二五六师战绩最大。第三七二师遭到德军强大火力的压制,德军躲在石屋子、钢筋混凝土工事里,挡住了第三七二师的进攻。

同一天,苏军列宁格勒方面军也向德军发动了强大的攻势。9 时 30 分,涅瓦河右岸列宁格勒方面军第六十七集团军 13 公里长的阵地上近 2000 门火炮和迫击炮同时发出巨大的轰鸣。

刹那间,苏军炮兵阵地上空腾起一片白雾,炮口喷出的火光,从远处看去如同一串串大火球。随着成百吨炮弹从天而降,德军阵地陷入熊熊烈焰中。

浓烟滚滚,遮天蔽日,德军受到了最猛烈的突袭。

苏军为了保持河上的冰面,炮轰的目标选在距岸边 200 米以外。德军在岸边的火力点没有遭到炮击,他们立即向苏军还击。德军的火炮和迫击炮弹掠过涅瓦河,在苏军阵地上炸响。涅瓦河两岸出现了惊天动地的爆炸声,这种爆炸声随着德军阵地前面的雷区大爆炸,达到高潮。

11 时 45 分,苏军身穿白色军服的强攻小组和清障小组扑向东岸。此时,苏军的“喀秋莎”火箭炮齐射。5 分钟内,火箭弹撕裂空气的声音,掩盖了一切爆炸声。随后,成千上万的苏军士兵呼喊着冲上了涅瓦河东岸。苏军第六十七集团军发动了全面进攻。不到 10 分钟,在人海般的苏军面前,德军明显寡不敌众。苏军很快便将战线中央的德军赶出了前沿阵地。苏军步兵和坦克兵密密麻麻地占领了一个宽约 5 公里、纵深 3 公里的登陆带。晚上,苏军继续出动部分兵力发起强攻。

1 月 13 日,德军 4 支部队从多斯诺赶到姆加一带。苏军沃尔霍夫方面军突击第二集团军也将步兵第十八师和坦克第九十八旅调来，派他们从南边绕过第三工人新村，向第五工人新村突击。此时，列宁格勒方面军第六十七集团军的第一三六师正向第五工人新村而来。

位于沃尔霍夫方面军左翼的步兵第三二七师夺取了德军"圆树林地"的大部分阵地。在第三二七师南边进攻的第三七六师和第八集团军的右翼部队被德军强大的火力所阻，他们多次发动强攻，均未成功。

1月13日下午，苏军列宁格勒方面军第八十六师利用友邻第一三六师取得的战果，向施利谢尔堡以南方向猛冲。

13日10时至日终，德军以每次2至3个步兵营的兵力向苏军列宁格勒方面军第六十七集团军左翼第四十五师发动了4次反攻，使得苏军第四十五师无法向前推进。

这一天，苏军第六十七集团军的第二梯队也投入了战斗，但除了在一些地段上推进1公里外，其他地段都很难向前推进。第六十七集团军中路部队攻下了德军的一些火力点，向前推进了1—1.5公里，与从东面向西进攻的沃尔霍夫方面军突击第二集团军相距仅为4—5公里。同时，第六十七集团军第八十六师负责进攻施利谢尔堡，他们在强渡涅瓦河时，遭到了德军强大炮兵火力的阻拦，只有几个营冲到了对岸，师主力部队被迫撤回到出发阵地。

至此，经过两天的激战，沃尔霍夫方面军在里普卡—盖托诺沃的12公里地段上部分占领了里普卡、第八工人新村的德军阵地；苏军占领了大部分"圆树林地"；在中路向纵深推进了2—4公里，已接近第四和第五工人新村。

1月14日，苏军第八十六师向前推进了1.5公里，抵达第三工人新村和普列奥布拉任斯基山附近，德军在那里设置了强大的火力支撑点，第八十六师受阻于德军的强大火力。德军采取一切措施坚守施利谢尔堡—锡尼亚维诺一带，阻止列宁格勒方面军与沃尔霍夫方面军会师。德军第十六步兵师赶到第6工人新村一带布防。同时，德军从其他地方紧急调来一些步兵、坦克和炮兵。

苏军列宁格勒方面军第六十七集团军将其第二梯队步兵第一二三师和坦克第一五二旅投入激战。随后，步兵第十三师、步兵第一〇二旅、步兵第一四二旅和滑雪步兵第三十四旅也先后参战。然而，苏军用第二梯队去加强严重减员的第一梯队，效果并不理想。苏军以前积累的多次进攻经验证明，第二梯队不是用于加强第一梯队而是用于替换第一梯队的。显然，列宁格勒方面军未考虑到这一点。

这一天，苏军沃尔霍夫方面军步兵第十九师开始向"圆树林地"以北进攻。

1月15日，苏军沃尔霍夫方面军将第二梯队步兵第二三九师、第十一师和2个滑雪步兵旅先后投入战斗。

苏军列宁格勒和沃尔霍夫两个方面军错误地使用各自的第二梯队，造成所有进攻方向不能快速向前推进。德军利用这个有利时机加紧调动部队加强每个火力点的防御，苏军只能一点点地去"啃"德军的阵地。

列宁格勒方面军第六十七集团军的进攻目标逐渐集中到3个方向：第五工人新村、第一和第二小镇以及施利谢尔堡。在第六十七集团军中路，第一三六师和坦克第六十一旅负责进攻第五工人新村方向。14—17日，苏军向前推进了2—2.5公里，从西边进抵第五工人新村。他们可以隔着德军阵地看到沃尔霍夫方面军的部队。

在列宁格勒方面军第六十七集团军右翼的第一和第二小镇方向，苏军的攻势受挫。德军用猛烈的火力挡住了苏军的攻势，并且组织了反攻。苏军第二梯队全部参战后，仍无法向前推进。经过 4 天的激战，至 1 月 17 日，苏军仅占领了第一和第二小镇以东的小块阵地。

在列宁格勒方面军第六十七集团军的左翼，苏德双方争夺施利谢尔堡的战斗呈现白热化。德军躲在坚固的工事里，凭借有利的地形负隅顽抗。苏军第八十六师于 15 日 15 时强占了普列奥布拉任斯基山。16 日 12 时，苏军第八十六师从南边攻入施利谢尔堡，双方展开了激烈的巷战。

与此同时，苏军沃尔霍夫方面军也在持续进攻。1 月 14 日，第二五六师攻下波德戈尔纳亚，继续挥师西南，在锡尼亚维诺以西与德军展开激战。第三七二师于 1 月 15 日起与德军争夺第八工人新村，歼灭了第八工人新村的德军后，继续向前进攻。1 月 17 日，第三七二师进攻第一工人新村。这时，第十八师已经攻入德军据守的第五工人新村，与列宁格勒方面军的部队只有不足 1 公里的距离。

这时，苏军列宁格勒和沃尔霍夫两个方面军的部队开始夹攻第一和第五工人新村的德军。德军腹背受敌，一旦苏军两个方面军会师，那么走廊北端施利谢尔堡的德军将有全军覆灭的危险。德军北方集团军群总司令屈希勒尔急忙下令从施利谢尔堡撤军，但为时已晚。

1 月 18 日 9 时 30 分，苏军列宁格勒方面军第一二三旅与沃尔霍夫方面军第三七二师步兵一二四〇团在第一工人新村以东会师，这标志着德军对列宁格勒长达 17 个月的陆地封锁终于被打破了。

12 时，苏军列宁格勒方面军第一三六师与沃尔霍夫方面军第十八师在第五工人新村以南会师，许多官兵激动地流下了眼泪。14 时，列宁格勒方面军步兵第八十六师歼灭了施利谢尔堡的德军。随后，沃尔霍夫方面军歼灭了里普卡的德军。然而，苏军最关键的进攻锡尼亚维诺城的计划却失败了。

第七章

追击，不停地追击

苏德双方反复争夺，阵地数易其手，艰苦却毫无成果的血战一直延续到 4 月 2 日，苏联统帅部大本营终于下令列宁格勒方面军放弃进一步的攻势作战。到了这时，苏德双方损失十分巨大。

◎ 一次失败的军事行动

1943 年 1 月 21 日，苏军铁路与建筑部开始修筑一条从施利谢尔堡沿着拉多加湖南岸通往波里亚纳的铁路。这条铁路的路基穿越复杂地形，离锡尼亚维诺附近的前线只有 6—8 公里，它是在冬天的酷寒中冒着德军持续炮击和空中轰炸筑成的。

尽管有这么多困难，这条 33 公里长的路线仍然在 2 月 6 日开通，之后就由这条铁路和湖上航道供给列宁格勒军方和民间的需要。从运载量来看，铁路线远比横穿拉多加湖的航线重要。当春季来临时，建筑部队继续改善铁路的通车状况，在 3 月 18 日开放一座横跨涅瓦河的新铁路桥，火车得以直达列宁格勒。然而，德军不停地炮击造成了严重伤亡，建筑部队不得不经常修复与重建路线。

5 月间，苏军建筑部队修建了第二条铁路，与第一条平行。这条 18 公里长的铁路线靠近湖边，提高了铁路运输通过施利谢尔堡走廊的效率、运载量及安全性。德军想尽一切办法对铁路、桥梁和其他铁路设施进行炮击和空袭，以干扰或中断苏军的铁路运输。德军相信能够以摧毁跨越沃尔霍夫河的桥梁的方式来切断列宁格勒和沃尔霍夫方面军的运输补给，因而在5月和6月间猛烈空袭这些桥梁，结果仍无法阻止苏军持续的补给行动。

2月初，苏军列宁格勒方面军司令员戈沃罗夫和沃尔霍夫司令员梅列茨科夫提议发动一次攻势，目的是切断、包围并歼灭姆加和锡尼亚维诺地区的德军。苏联副统帅朱可夫建议统帅部大本营将攻势扩大，以完全摧毁德北方集团军群，进而解放列宁格勒州全境。

苏联统帅部大本营接受了朱可夫的提议，并将这次攻势定名为"极星"作战。列宁格勒方面，统帅部大本营认为锡尼亚维诺攻势创造了有助于进行一次更大规模攻势的条件。锡尼亚维诺周边的战斗迫使德军第十八集团军将兵力集结在该处，削弱了其他方面的兵力。另外，第十八集团军战线过长，其预备队只有2个保安师，因为其最强大的部队要面对苏军第六十七集团军和第二突击集团军，所以锡尼亚维诺走廊两翼更容易遭到攻击。

根据"极星"作战计划，苏军西北方面军将从杰米扬斯克地区开始发动攻击，穿越地诺和卢加直到普斯科夫及芬兰湾的纳尔瓦。与此同时，苏军列宁格勒和沃尔霍夫方面军将攻击列宁格勒周围的的德军第十八集团军，最终与西北方面军会师，最终在列宁格勒以南包围整个德军北方集团军群。苏联大本营为这次作战选择的时间，与其他方向的苏军向第聂伯河一线发起的主要攻势一致。

苏军西北方面军司令员铁木辛哥担任"极星"作战的总指挥，此次作战将消灭杰米扬斯克的德军第二军，并通过旧鲁萨及地诺进军至普斯科夫及纳尔瓦。苏军西北方面军的左翼担任主攻，由第二十七、第十一、第三十四、第五十三和第一突击集团军组成，越过旧鲁萨向卢加与地诺进攻，最终歼灭杰米扬斯克的德军。随后，一个由第一战车集团军和第六十八集团军组成的特殊作战群在霍津的指挥下，将向西北方进军，攻占普斯科夫和纳尔瓦，并与列宁格勒与沃尔霍夫方面军合作，切断并消灭德军第十八集团军。"极星"作战的发起时间定在 2 月 15 日。

在列宁格勒地区，苏军列宁格勒方面军的第五十五集团军将向东南方的托思诺发起攻击，进而转向东方渡过托思诺河，与沃尔霍夫方面军的第五十四集团军会师，再从东北方向托思诺推进。这两支集团军将以钳形攻势包围姆加—锡尼亚维诺地区的所有德军，并将通往列宁格勒狭窄走廊拓宽，随后配合南边前进的西北方面军击溃德军北方集团军群。

苏军第五十五集团军由 8 个步兵师、2 个步兵旅和 2 个滑雪旅及 1 个战车团组成，计划在第一梯队配置 3 个步兵师和 1 个滑雪旅，1 个战车团负责支援，兵力共计有 3.3 万人，30 辆战车。第一梯队一旦击破德军的防线，由 1 个滑雪旅和 1 个战车旅组成的机动群将沿着奥克提亚波铁路前进，攻占乌利亚诺夫车站。苏军第五十五集团军所面对的是德军第五十军、党卫军第四警察师和西班牙"蓝色"步兵师。

苏军第五十四集团军由 10 个步兵师、3 个步兵旅和 2 个战车旅组成，拥有 60 辆战车，兵力超过 7 万人。第五十四集团军第六十九步兵师位于左翼，第一三二步兵师位于右翼，将突击德军第二十八军、第九十六步兵师防守的阵地。

苏军的"极星"作战看似气势磅礴，但是被指定去攻击一号镇、二号镇与锡尼亚维诺的第六十七集团军和第二突击集团军在 1 月的战斗过后兵员仍显不足。第二突击集团军由 12 个编制不足的步兵师、1 个步兵旅、1 个滑雪旅和 2 个战车旅以及 1 个战车团和 4 个独立战车营组成，约 6 万人，50 辆战车；第六十七集团军由 6 个步兵师、8 个步兵旅、2 个滑雪旅和 4 个战车旅、2 个战车团、2 个独立战车营和 1 个要塞区组成，约 4 万人，30 辆战车。德军第二十六军由第二十八轻步兵师及第二十一步兵师防卫一号镇和二号镇突出部，第十一与第六十一步兵师则防御锡尼亚维诺地区，兵力共计 3.5 万人。

当苏军第五十五集团军和第五十四集团军向托思诺发动钳形攻势时，列宁格勒方面军第六十七集团军和沃尔霍夫方面军第二突击集团军将攻击一号镇、二号镇与锡尼亚维诺，并夺取姆加和列宁格勒—沃尔霍夫的铁路。

"极星"作战开始前夕，为了统一指挥，苏联大本营将沃尔霍夫方面军的第二突击集团军及其防区从锡尼亚维诺以北转移至列宁格勒方面军。

列宁格勒与沃尔霍夫方面军于 2 月 8 日展开攻势，比西北方面军提前一个星期把德军北方集团军群的预备队向北吸引至列宁格勒，远离西北方面军的主要攻击地段。

2 月 10 日清晨，经过 2 小时的炮火射击后，苏军第五十五集团军开始向对面的德军发起攻击。苏军奇袭了德军，并于 12 时攻占了科拉斯奈波尔，当日晚间即夺取了米希基诺。苏军向前推进 5 公里后，第五十五集团军投入其机动群。然而，德军猛烈的抵抗和预料之外的融冰，妨碍了苏军滑雪部队在道路范围外的作战，在离目标不远处阻滞了苏军第五十五集团军机动群的攻击，令苏军的战车和步兵动弹不得。苏军在伊茨霍拉河和科拉斯奈波尔南方的狭小道路上，与防守的西班牙军队展开了肉搏战。后来，德军从丘多沃和乌里茨克调来第二一二、第二一五步兵师的团级战斗群，加强了西班牙军的防御。

苏军第五十五集团军左翼部队的情况比右翼稍好。第四十三步兵师与第三十四滑雪旅在两天的惨烈战斗中向前推进了4公里，将德军党卫军警察师打回托思诺河。然而，德军迅速加强了他们的防御力量。到13日，第五十五集团军在14公里的战线上推进了5公里，便再也无法继续前进，因为该集团军在激烈战斗中大约有1万人伤亡，损失了大部分战车，西班牙第二五〇步兵师也付出了3200人的伤亡代价。

同一天，苏军第五十四集团军在斯莫尔迪尼亚和提以北地段发起攻击，将突破方向对准托思诺以南的铁路线。第五十四集团军以4个步兵师、3个步兵旅与1个战车旅攻击德军第九十六步兵师的防线。第五十四集团军尽管具备压倒性的优势，但在3天的猛攻中，苏军沿着德军5公里防御正面只突入了4公里。德军以从锡尼亚维诺的第六十一步兵师、沃尔霍夫河前线的第一二一和第二一七步兵师与邻近的第一三二步兵师调来的团级战斗群驰援第九十六步兵师，挡住了苏军的突击步伐。

2月12日晨，苏军第六十七集团军和第二突击集团军利用德军第十八集团军将部队调离锡尼亚维诺增援遭突击地段的时机，向对面的德军发动攻势。第六十七集团军攻击德军在一号和二号镇的防线，第二突击集团军攻击锡尼亚维诺东西两侧的德军防线。6天的激战中，第六十七集团军攻占了一号和二号镇，并向南推进至阿布佐沃的外围地区。虽然他们清除了指向施利谢尔堡的小型德军突出部，但因部队损耗过大而无法取得更多战果。在东边，苏军第二突击集团军对锡尼亚维诺的突击因为兵力损失过巨而立即放弃。于是，苏军列宁格勒和沃尔霍夫方面军的托思诺攻势宣告失败。

后来，苏联统帅部大本营在下发的指令中提道："实际情况证明，此次攻势失败的主要原因是第六十七集团军和第二突击集团军独立作战……他们分散了部队……遭受不合理的伤亡。"其实，苏军2个方面军的部队在之前的战斗中早已耗尽了精力，他们缺乏完成大本营野心过大的任务所必需的兵力。

虽然苏军这次攻势失败了，但是朱可夫决定利用其牵制效果，为苏军西北方面军进行"极星"作战主攻前的最后准备争取了宝贵的时间。然而，恶劣的天气使得苏军无法及时集结，朱可夫只得将发起攻击的时间延后。然而，就在朱可夫授权延后没多久，苏军情报部门却侦察到德军准备放弃杰米扬斯克突出部。鉴于新情况的出现，朱可夫提前命令铁木辛哥以现有兵力展开攻势，进而发展成独立的行动。

2月15日，苏军西北方面军第十一和第五十三集团军突击了德军拉姆雪沃走廊两翼，第三十四集团军向杰米扬斯克德军的防御阵地发动骚扰性攻击。初期，苏军的攻击没有取得多少战果。

2月21日，德军第十六集团军一边与苏军激战，一边艰难地撤退。屈希勒尔的指挥十分灵活，他经常以进为退，多次击退苏军进攻，使德军各师快速通过洛瓦季河以东的狭窄走廊撤了出来。

2月23日，苏军将第二十七及第一突击集团军投入战斗，前者位置在旧鲁萨以南，后者在拉姆雪沃走廊底部。面对德军为保护其从杰米扬斯克突出部撤军而建立的坚固防线，苏军上述2个集团军的攻击没有成功。后来，在朱可夫的强烈要求下，2个集团军试图恢复攻势，再一次因为惨重损失而宣告失败。斯大林因苏军伤亡太大且收获有限而心烦意乱，于2月27日下令暂停攻击，并命令朱可夫在 3 月策划一次新的攻势。

此次"极星"攻势作战失败，苏联损失 33663 人，其中 10016 人阵亡、被俘或失踪。尽管如此，不管是朱可夫还是斯大林都没有彻底放弃发动一轮新攻势的打算。按照朱可夫的建议，苏军统帅部大本营命令西北、列宁格勒和沃尔霍夫方面军针对原作战中的相同目标进行简化版的"极星"作战。这一次攻势以各方面军错开的方式发动，由西北方面军在 3 月 4 日首先发起攻击，而列宁格勒和沃尔霍夫方面军则是在 3 月 14 日发动攻击。

◎ 抢夺战场主动权

3月初，德军第十六集团军在霍尔姆—旧鲁萨一带建立了新的防御阵地，以便阻止苏军向旧鲁萨两侧挺进，给苏军造成重大伤亡。德军缩短防线后，兵力严重不足的状况才有所缓解，而第十八集团军对列宁格勒的封锁仍在继续。

3月5日，苏军西北方面军第二十七集团军和第一突击集团军发动了第二次"极星"攻势（比规定时间延迟了一天）。可惜，这两个集团军均未取得什么战果。为了回应德军在卡尔科夫地区的反攻，苏联统帅部大本营于3月7日下令朱可夫与铁木辛哥将第一战车集团军向南方转移至库尔斯克，将第二次"极星"作战规模缩小为攻占旧鲁萨与消灭姆加突出部。

3月14日，苏军西北方面军突袭了德军在旧鲁萨以东和拉姆雪沃以南的防线，推进了几公里，但损失十分惨重。经过多次激烈且无益的战斗后，大本营于3月17日责令朱可夫结束攻势，并飞往库尔斯克，在该区的苏军混乱局势中稳定军心，许多西北方面军最精锐的部队跟随朱可夫去了南方。

同一天，苏军沃尔霍夫方面军第五十二集团军在诺夫戈罗区域展开牵制作战，在诺夫戈罗以南越过沃尔霍夫河攻击德军第三十八军的第一空军野战师。战斗持续至 27 日，因德军派遣第二一七和第五十八步兵师增援诺夫戈罗防区而告终。

3 月 19 日，苏军列宁格勒方面军第五十五集团军在科拉斯奈波尔以南发动了攻击，其第一梯队的第二六八步兵师和第五十五步兵旅穿过德国党卫军警察师的防线，于当天结束时向前推进了 3 公里。然而，德军法兰德斯兵团和第五〇二重战车营的反击将苏军第五十五集团军逼回到攻击发起地。苏德双方反复争夺，阵地数易其手，艰苦却毫无成果的血战一直延续到 4 月 2 日，苏联统帅部大本营终于下令列宁格勒方面军放弃进一步的攻势作战。到了这时，苏德双方均损失巨大。

在苏军西北方面军、列宁格勒方面军和沃尔霍夫方面军无法达成统帅部大本营于 2 月及 3 月所指定的目标后，因为春天道路泥泞阻碍了作战行动，度过了一段相对平静的时期。

3 个月的平静一过，希特勒和斯大林都在筹划如何重新取得战略主动权。希特勒决定进行另一次夏季攻势，这一次范围和目标受到限制，他选择库尔斯克的突出部，即一块在德军中央和南方集团军群之间向西突出的区域，作为攻击目标。这个区域对苏军来说象征着他们在上一个冬季作战中所达到的成功，而对德军来说则代表着别具吸引力的目标。借由攻打库尔斯克突出部并歼灭其中大量的苏军部队，希特勒希望借此部分消除上一个冬季对德军造成的不利影响，进而扭转德军东线战场的危局。

对于苏军来说，斯大林想利用红军在冬天的胜利，在夏天进行一系列大规模新攻势来达成冬季未能达成的目标。基于早先的经验，斯大林决定放手让红军发动大规模夏季攻势前，先设法削弱德军的夏季攻势。于是，苏联统帅部大本营决定对库尔斯克突出部展开有计划的防御。

在库尔斯克先期的防御以及之后的反攻期间，列宁格勒地区的苏军保持守势，只进行有限的攻击以支援库尔斯克方面苏军规模庞大的作战。因此，在库尔斯克会战前，苏军大本营秘密调遣大批部队，包括西北方面军第十一、第二十七、第五十三和第六十八集团军，南调至库尔斯克。由于兵力明显减弱，沿着西北轴线作战的苏军西北方面军、列宁格勒方面军和沃尔霍夫方面军暂时停止任何攻势作战，并且大幅改变先前的惯例，在整个春天和夏天进行休整。

7月初，苏军在库尔斯克击败德军后，统帅部大本营下令列宁格勒方面军和沃尔霍夫方面军沿着西北轴线恢复攻势作战，其目标限制在吸引德军的注意力和兵力离开更重要的前线地段。到了中旬，苏军情报部门指出列宁格勒方面军在数量上对德军为2∶1，沃尔霍夫方面军则为1.3∶1。从苏德双方兵力对比来看，苏军显然占优势。在大本营的研判中，这是进行一波新攻势的有效兵力。

库尔斯克会战刚刚结束，苏联统帅部大本营便即刻命令列宁格勒方面军司令员戈沃罗夫和沃尔霍夫方面军司令员梅列茨科夫对姆加及锡尼亚维诺地区的德军发动一轮新的攻势，尽可能全歼德军第十八集团军。

7月底至8月初，苏军2个集团军对列宁格勒至沃尔霍夫河之间的德军阵地发起攻击。经过2个星期的激战，德军凭借防御挡住了苏军，守住了用来包围列宁格勒的突出部，苏军的攻势被迫停了下来。

苏军在涅韦尔对德军第十六集团军右翼发动的突破取得了成功，切断了德军中央集团军群和北方集团军群的联系。德军第十六集团军右翼和中央集群第三坦克集团军的左翼被迫后撤。这里的苏军距离陶格夫匹尔斯只有120公里，对北方集团军群的整个防线构成了致命的威胁。

经过两年多的激战，德军第十八集团军丢失了施利谢尔堡，第十六集团军撤出杰米扬斯克。北方集团军群总司令屈希勒尔十分清楚德军貌似坚固的北方防线其实存在着很大的漏洞，但他没有足够的兵力消灭奥拉宁包姆的苏军登陆场的兵力。

1943年8月，德军北方集团军群总司令屈希勒尔坚决主张收缩防线，他不顾希特勒的命令，指挥部队撤过卢加河，企图在卢加河沿岸阻挡苏军向前推进。然而，苏军列宁格勒方面军的兵力不断壮大，从列宁格勒地区出发，向西南方向推进了很远。后来，苏军收复了金吉谢普。向西推进的苏军将主力转移至芬兰湾与楚德湖之间，苏军一部继续向西南推进。退守芬兰湾与楚德湖间筑垒地峡上的德军利用有利地形才挡住了苏军猛烈的攻势。

苏军列宁格勒方面军在纳尔瓦河夺取了巨大的登陆场，从登陆场发起多次突击，但都受阻于纳尔瓦河以南的德军。苏军继续向西南方向追击，严重威胁着卢加河阵地的德军侧翼。

与此同时，苏军沃尔霍夫方面军也是进展神速，该方面军所属部队不断攻打卢加河阵地的德军东翼，还攻击了伊耳缅湖以南旧鲁萨一带的德国第十六集团军北翼。

为了长期阻挡住苏军的推进，守住卢加河防线，北方集团军群总司令屈希勒尔在第十六集团军和第十八集团军接合部建立了弗里斯纳指挥的战役集群。屈希勒尔试图利用弗里斯纳战役集群帮助第十六、第十八集团军阻挡苏军在希姆斯克一带的强大攻势。

德军弗里斯纳战役集群经过一番激战，终于切断了突破到卢加—普斯科夫铁路的一些苏军部队，暂时解除了第十八集团军的危机。然而，第十八集团军的兵力明显不足，无法守住楚德湖以东的整个防线，而苏军仍然在向楚德湖东岸发动猛烈的攻势。

◎ 摧毁"北方壁垒"

　　1944 年 1 月，苏军列宁格勒方面军及其他部队开始了更大规模的反攻，以便彻底解除德军对列宁格勒的威胁。为了取得北线的完全胜利，苏联最高统帅部制订了多个作战方案，其最根本的作战目的是完全解放列宁格勒州，把德军从波罗的海沿岸驱逐出去。

　　此时，苏军列宁格勒方面军辖第二十三集团军、第二突击集团军、第四十二、第六十七集团军和空军第十三集团军，防守着 256 公里长的正面；沃尔霍夫方面军辖第八、第五十四、第五十九集团军和空军第十四集团军，防守在冈托瓦亚利普卡至伊耳缅湖一线，并防守着沃尔霍夫河西岸诺夫哥罗德的巨大登陆场；波罗的海沿岸第二方面军辖第一、第三突击集团军，第四、第六、第十集团军和空军第十五集团军，驻扎在伊耳缅湖和涅舍尔多湖之间宽达 320 公里的区域。

　　苏军列宁格勒方面军、沃尔霍夫方面军和波罗的海沿岸第二方面军对德军北方集团军群的两翼构成了深远的包围，战略态势大大有利于苏军。到了这个时候，希特勒仍然给北方集团军群下达指令：坚守现有区域，继续占领列宁格勒州，务必守住波罗的海沿岸地区及各港口，维护整个苏联战场左翼的稳定。

德军用了两年多时间才在列宁格勒州和诺夫哥罗德建立了一道坚固的弧形防线，即"北方壁垒"。北方壁垒的防御纵深为230—260公里。在伊耳缅湖以北（苏军列宁格勒方面军和沃尔霍夫方面军正面）驻扎着第十八集团军，辖19个师又3个旅，拥有约4000门火炮、200辆坦克和自行火炮，兵力达16.8万人。在伊耳缅湖至普斯科夫一带（苏军波罗的海沿岸第二方面军正面）驻扎着德军第十六集团军，辖21个师又1个旅。德军北方集团军群的预备队有3个警卫师和1个野战教导师。

德军北方集团军群总兵力为74.1万人，共有1万多门火炮、385辆坦克和自行火炮，370架飞机。苏军列宁格勒方面军、沃尔霍夫方面军和波罗的海沿岸第二方面军的总兵力为125.2万人，拥有2万多门火炮、1580辆坦克和自行火炮，以及1386架飞机。

苏联最高统帅部指令，列宁格勒方面军和沃尔霍夫方面军负责进攻德军第十八集团军；波罗的海第二方面军负责牵制德军第十六集团军和北方集团军群的预备队。

1月11日，苏军第二突击集团军在海军航空兵的强大火力支援下，首先对德军第三坦克军发起进攻。经过激战，苏军于1月13日突破了德军的主要防线，并将突破口扩大到23公里，突入8—10公里，向罗普沙方向快速推进。

1月12日，苏军波罗的海沿岸第二方面军在新索科利尼基地区持续进攻了9天9夜，使德军第十六集团军和北方集团军群的预备队无法增援第十八集团军，保证了列宁格勒方面军和沃尔霍夫方面军的顺利进攻。

1月15日，苏军列宁格勒方面军第四十二集团军从普希金以南进攻红村、罗普沙方向。两天后，苏军突破了德军主要防线，向前突进 10 公里。

1 月 16 日，苏军沃尔霍夫方面军第五十九集团军北翼部队在诺夫哥罗德以北突破德军防线，南翼部队切断了该城南面的丘多沃—希姆斯克公路。

1 月 19 日，苏军列宁格勒方面军第二突击集团军解放了罗普沙，第四十二集团军解放了红村，并将那里的德军合围，次日将其残部歼灭。至此，经过 6 天激战，苏军列宁格勒方面军向前推进了 25 公里，为继续向金吉谢普、卢加河方向进攻创造了有利条件。

1 月 20 日，苏军沃尔霍夫方面军第五十九集团军占领了诺夫哥罗德市，并全歼盘踞在该市的德军。

苏军占领罗普沙、红村和诺夫哥罗德后，列宁格勒方面军负责进攻金吉谢普、赤卫军城，进而合围德军第十八集团军的左翼部队，切断其向西的退路；沃尔霍夫方面军向卢加河方向发起进攻，切断了德军第十六集团军与第十八集团军之间的联系，并配合列宁格勒方面军歼灭了第十八集团军的左翼部队。

1 月 24 日，苏军列宁格勒方面军继续向前推进，先后解放了普希金、斯卢茨克。次日，该方面军又解放了赤卫军城。

1 月 26 日，苏军沃尔霍夫方面军右翼部队解放了托斯诺。

1 月 28 日，苏军沃尔霍夫方面军解放了柳班。

1 月 29 日，苏军沃尔霍夫方面军解放了丘多沃。

1 月 30 日，苏军列宁格勒方面军到达卢加河地区，解放了河西岸的波列奇耶、希洛克。另外，其左翼部队 30 日之前即解放了锡韦尔斯基和季温斯基。

至此，莫斯科至列宁格勒的铁路干线全线解放，德军对列宁格勒市的封锁彻底解除了。到 1 月底，苏军列宁格勒方面军和沃尔霍夫方面军彻底摧毁了德军的"北方壁垒"，并向前推进了 60 公里，为解放列宁格勒州全境奠定了基础。

◎ 浴血迎荣光

当苏军推进到德军卢加河防线时，有可能切断德军第十八集团军的退路。情况危急，德军最高统帅部下令：北方集团军群继续坚守卢加河防区，阻挡苏军的攻势；同时，确保第十八集团军退向后方必经的卢加—普斯科夫的交通线。

2月1日，苏军列宁格勒方面军第二突击集团军强渡卢加河，占领金吉谢普，继续追击败退的德军。这一天，尽职尽责的德军北方集团军群总司令屈希勒尔被希特勒解除了军权。事实上，希特勒对屈希勒尔的撤退早就心生不满。希特勒认为屈希勒尔未执行统帅部的命令，是造成失败的主要原因。希特勒和往常一样，只在部下的行动中寻找失败的原因，从来认识不到自己的失误。希特勒派莫德尔继任德军北方集团军群总司令，屈希勒尔从此再也没有被希特勒起用。

2月初，苏军列宁格勒和沃尔霍夫2个方面军开始突破德军的卢加河防线。列宁格勒方面军主要从 3 个方向发动进攻：第二突击集团军突击金吉谢普、纳尔瓦方向；第四十二集团军突击格多夫、红斯特鲁吉方向；第六十七集团军突击卢加方向。尽管道路非常难走，但苏军向前推进依然神速。

2 月 3 日，苏军列宁格勒方面军第二突击集团军强渡纳尔瓦河，攻入爱沙尼亚。第四十二集团军强渡卢加河以后，于 2 月 4 日占领格多夫。10 天后，第四十二集团军到达普斯科夫湖和红斯特鲁吉一带。

2 月 8 日，列宁格勒方面军第六十七集团军从西南和北面合围卢加河一带的德军。与此同时，苏军沃尔霍夫方面军第五十九集团军从东南向卢加河地区推进，由于德军顽抗到底，第五十九集团军的进攻速度迟缓。直到 2 月 12 日，第五十九集团军才抵达卢加河，该集团军出动部分兵力攻打卢加市，其他兵力向南推进。沃尔霍夫方面军第八集团军进攻乌托尔戈什、红斯特鲁吉方向，并击退了德军多次反攻。

2 月 12 日，苏军列宁格勒方面军第六十七集团军在沃尔霍夫方面军第五十九集团军部分兵力和游击队的支援下，占领了卢加市。

2 月 15 日，苏军彻底摧毁了德军的卢加河防线，迫使德军向西溃退。仅仅半个月时间，列宁格勒和沃尔霍夫方面军在多个方向推进了 20—50 公里，到达纳尔瓦河、普斯科夫湖以北、谢列德卡、普柳萨、希姆斯克一带。

这一天，苏军沃尔霍夫方面军被撤销，所属各部队大部分编入列宁格勒方面军，一部分编入波罗的海沿岸第二方面军。同时，苏军最高统帅部下令：

列宁格勒方面军应以右翼部队解放纳尔瓦市，突破纳尔瓦筑垒地域，随后进攻波亚尔努方向、维利杨迪、瓦尔加方向、塔尔土、威鲁方向；以左翼部队追击普斯科夫、奥斯特罗夫方向的败退之敌，再转回普斯科夫，强渡韦利卡亚河，向里加方向进攻。

波罗的海沿岸第二方面军的任务是左翼2个集团军粉碎普斯托卡东南的德军防线，夺取伊德里察以北韦利卡亚河上的渡口，随后占领奥波奇卡、齐卢佩一带，进而与列宁格勒方面军右翼部队协同，歼灭奥斯特罗夫的德军；右翼2个集团军牵制正面的德军。

2月下半月，苏军第二突击集团军扩大了纳尔瓦河西岸的登陆场，使得登陆场宽达35公里、纵深15公里。第四十二、第六十七集团军继续追击德军，从北面和东面进攻普斯科夫。第八、第五十四集团军消灭了姆沙加河和舍郎河中间阵地的德军后，解放了波尔霍夫，进抵奥斯特罗夫。至此，列宁格勒方面军左翼部队粉碎了德军的抵抗，并向前推进了50—160公里，到达普斯科夫—奥斯特罗夫筑垒地域，但未能突破德军防守的筑垒地域。

与此同时，苏军波罗的海沿岸第二方面军在伊德里察方向对德军第十六集团军形成了合围。由于苏军未能及时识破德军的撤退企图，才使德军得以进行有组织的撤退。德军将大量部队撤到奥斯特罗夫以东、诺沃尔热夫、晋斯托什卡一带，并实施了有组织的抵抗，苏军推进受挫。

3月9日，苏军列宁格勒方面军左翼部队进攻普斯科夫。激战一直持续到4月中旬，苏军才突破普斯科夫以南的德军防线。苏军推进了13公里，切断了普斯科夫通往奥斯特罗夫的交通线。

从2月15日至3月中旬，苏军在600公里宽的正面突破了德军的防线，将德军从列宁格勒州击退220—280公里。苏军在伊耳缅湖以南向西推进180公里，解放了列宁格勒州绝大部分地区和加里宁州的部分地区并攻入爱沙尼亚。然而，苏军列宁格勒方面军和波罗的海沿岸第2方面军未能向瓦尔加、威鲁、里加、卡拉萨等方向推进。总的来说，苏军仍然取得了具有重大意义的胜利，并为日后解放波罗的海沿岸国家创造了有利条件。此后，苏军列宁格勒方面军右翼部队和卡累利阿方面军开始了进攻卡累利阿地峡的战斗。

6月10日清晨，苏军第二十一集团军在长时间的炮火准备和航空火力准备后，率先发起进攻，一举突破芬兰军队的防线。当天，苏军突破芬军第一道防御地带并向前推进了14公里，突破宽度为20公里。经过两天的激战，苏军向前推进了24公里，突破口正面宽度为40公里。

6月13日，苏军进抵芬军第二道防御地带，但无法再向前突破。这里是卡累利阿地峡防御体系的核心，芬军修建的工事非常坚固，其主力集结在维堡公路一带，苏军决定将主攻方向转到左翼。

6月14日，苏军向芬军第二道防御地带发起猛攻。经过两天血战，苏军终于突破了第二道防御地带，并全速向芬军防线纵深和翼侧推进。芬军立即从南卡累利阿派来2个师又1个旅，增援维堡和武奥克萨河的守军。然而，芬军仍然没能阻挡住苏军装甲部队的强大攻势。

6月19日，苏军突破了分军第三道防御地带和维堡外围的防御地带。

6月20日，苏军占领维堡城并向维堡西北推进了十几公里。此时，苏军歼灭了武奥克萨河南岸的芬军，占领河北岸的部分地区，并配合波罗的海舰队，歼灭了维堡湾各岛屿的芬军。至此，苏军发起的卡累利阿地峡和维堡战役胜利结束。

6月21日，苏军卡累利阿方面军强渡斯维尔河，突破芬军的主要防御地带，从拉多加湖向纵深推进了6公里。同时，该方面军的一部还向梅德韦日耶哥尔斯克方向发动了进攻，向前推进约16公里。

6 月 22 日晚，拉多加湖附近的芬军开始向后面的第二道防御地带撤退。

6 月 23 日清晨，苏联海军第七十、第三旅在图克萨河与维德利察河之间成功登陆，切断了芬军后退的公路和铁路，迫使芬军只能从乡村土路撤退。

6 月 25 日，苏军突破芬军第二道防御地带，攻克了奥洛涅茨城。

6 月 28 日，苏军占领了卡累利阿首府彼得罗扎沃茨克城。

7 月 9 日，苏军抵达洛伊莫拉地区。

7 月 10 日，苏军占领皮特凯兰塔。

7 月 21 日，苏军抵达伦贡瓦拉以东的苏芬边界线附近。

经过艰苦的激战，苏军将战线稳定在库达姆古巴、库奥利斯马、洛伊莫拉以东、皮特凯兰塔一线。

列宁格勒保卫战取得胜利

8 月 10 日，斯维尔河—彼得罗扎沃茨克战役结束。至此，长达三年零一个月（1941 年 7 月 10 日—1944 年 8 月 10 日）的列宁格勒保卫战以苏联红军的伟大胜利而宣告结束。

列宁格勒市以 20 响礼炮欢庆这一伟大胜利，该市被困 900 天，先后有64.2 万人饿死或冻死，2.1 万人死于德军的轰炸和炮击。列宁格勒军民经过艰苦斗争，挫败了希特勒困死列宁格勒的狂妄阴谋，并将德军北方集团军群死死牵制在西北战场，有力支援了苏联其他战场的胜利。

列宁格勒战役的伟大胜利证明，一个将军可以赢得一次或几次战役的胜利，而只有人民才能赢得战争的最终胜利。